GUIDE DE PLANIFICATION DE LA RETRAITE POUR LES DÉBUTANTS

Simple, Intelligent et prêt pour vos Meilleures Années

MAXWELL REED

Copyright © 2024 par MAXWELL REED

Tous droits réservés. Aucune partie de cette publication ne peut être reproduite, stockée ou transmise sous quelque forme ou par quelque moyen que ce soit, électronique, mécanique, photocopie, enregistrement, numérisation ou autre sans l'autorisation écrite de l'éditeur. Il est illégal de copier ce livre, de le publier sur un site Web ou de le distribuer par tout autre moyen sans autorisation, à l'exception des brèves citations utilisées dans les critiques.

TABLE DES MATIÈRES

INTRODUCTION..1
LE VOYAGE COMMENCE...5
    Comprendre la retraite à tout âge............................6
    Il n'est jamais trop tôt (ni trop tard !)....................... 8
    Pourquoi la plupart des gens se trompent en matière de retraite... 11
CE QUE LA RETRAITE SIGNIFIE POUR VOUS........ 15
    Définir votre avenir parfait.......................................16
    Démystifier les mythes sur la retraite que vous avez toujours entendus... 18
    Comment le style de vie façonne votre plan d'épargne...21
COMBIEN C'EST ASSEZ ?.. 26
    Briser le mythe du « nombre magique »................27
    Fixer des objectifs financiers réalistes................... 30
    Construire un plan qui correspond à votre vie........ 33
CONSTRUIRE VOTRE FORTERESSE DE RETRAITE.. 39
    Le pouvoir des intérêts composés : votre meilleur ami..40
    L'art de la diversification : ce qui fonctionne vraiment 43
    Naviguer parmi les actions, les obligations et autres investissements (sans le jargon !)......................... 48
VOTRE 401(K), IRA ET AU-DELÀ............................... 53
DÉBLOQUER DES TRÉSORS CACHÉS....................53
    Tirer le meilleur parti des avantages sociaux de

    l'employeur.. 54
    IRA : votre véhicule de retraite personnalisé.......... 58
    La magie des cotisations de contrepartie et des avantages fiscaux.. 62

COMMENT ÉVITER LA PLUS GROSSE ERREUR.... 70
    Éviter les pièges qui sabotent les économies..........70
    Reconnaître les pièges financiers et apprendre à éviter les pièges..73
    Le côté émotionnel de la planification de la retraite : éviter le stress..76

MAXIMISER VOS REVENUS À LA RETRAITE.......... 80
    La sécurité sociale démystifiée................................80
    Revenu passif et stratégies alternatives : penser au-delà de l'évidence...83
    Construire des plans de sauvegarde - Des filets de sécurité qui fonctionnent..87

LE FACTEUR TEMPS..92

Quand faut-il prendre sa retraite ?...........................92
    Retraite anticipée ou retraite différée : avantages, inconvénients et surprises....................................... 93
    Le facteur âge : comment le timing affecte votre épargne...96
    Que faire quand la vie lance une courbe............. 100

S'ADAPTER À L'INCONNU......................................105
    Se préparer aux coûts des soins de santé : la réalité, pas les tactiques alarmistes................................... 106
    Protéger votre retraite contre l'inflation................. 109
    Gérer les événements inattendus de la vie en toute confiance...112

FAITES DURER VOTRE ARGENT...........................116

La stratégie de sortie **116**

    Comment dépenser judicieusement sans sacrifier le confort 117

    Stratégies de retrait : optimiser votre épargne de la bonne manière 120

    Protéger votre pécule : étapes simples pour la longévité 124

VIVRE VOTRE MEILLEURE VIE APRÈS LA RETRAITE **129**

    Comment créer un style de vie que vous adorerez sans vous soucier de l'argent 130

    S'épanouir à la retraite : au-delà de la simple sécurité financière 133

    La retraite n'est pas la fin, c'est la prochaine aventure 137

VOTRE PLAN D'ACTION PERSONNALISÉ **142**

À vos marques, prêts, prenez votre retraite **142**

    Une liste de contrôle étape par étape pour commencer immédiatement 143

    S'en tenir au plan (et que faire lorsque vous devez vous ajuster) 148

    Renforcer la confiance dans votre avenir financier 151

INTRODUCTION

Retraite. Le simple mot peut susciter un mélange d'émotions. Pour certains, c'est le rêve de vacances sans fin, de se prélasser sur des plages ensoleillées ou de passer plus de temps en famille. Pour d'autres, il s'agit d'un concept obscur, quelque chose dont ils « s'occuperont plus tard », presque comme une énigme non résolue qui les attend à la fin de leurs années de travail. Et si je vous disais que la retraite n'est ni une fin ni un mystère insaisissable ? Et si cela pouvait être le début de quelque chose que vous avez toujours voulu mais que vous n'avez jamais osé imaginer pleinement ?

Vous avez peut-être choisi ce livre par curiosité, ou peut-être par nécessité, mais peu importe ce qui vous a amené ici, sachez ceci : vous n'êtes pas en train de lire un autre guide générique rempli de chiffres et de jargon ennuyeux. Ce livre est un voyage, votre voyage. Et en ce moment, vous vous trouvez au début de ce chemin, que vous soyez dans la vingtaine et que la retraite vous semble un concept lointain, ou que vous ayez la cinquantaine en vous demandant si vous avez suffisamment épargné.

Mais oublions un instant l'anxiété et les feuilles de calcul compliquées. Faisons une pause. Respirez profondément. Ce n'est pas un livre sur l'enlisement dans les peurs ou les regrets concernant ce que vous n'avez pas encore fait. Il s'agit d'autonomisation. Il s'agit de créer votre vision de l'avenir, celle qui vous correspond parfaitement. Car voici la vérité : la retraite n'est pas une solution universelle. C'est aussi unique que vous.

On vous a dit toutes sortes de choses sur la retraite. Commencez à épargner tôt. Obtenez ce numéro magique. Ne comptez pas sur la Sécurité Sociale. Investissez dans ceci, évitez cela. Il y a tellement de bruit qu'il est facile de se sentir dépassé. Mais et si la planification de la retraite n'était pas nécessairement un combat ? Et si cela pouvait vraiment être passionnant ?

Dans ces pages, je vais expliquer les complexités de la retraite d'une manière logique. Nous découvrirons les joyaux cachés que la plupart des gens négligent et, ensemble, nous élaborerons un plan qui non seulement vous aidera à traverser la retraite, mais vous aidera également à y prospérer. Considérez ce livre comme votre bon guide pour la retraite et au lieu d'instructions sèches, il est rempli de raccourcis créatifs, de détours perspicaces et de vues inspirantes tout au long du chemin. Et tout est présenté d'une manière que tout le monde, que vous ayez 12, 35 ou 60 ans, peut comprendre.

Plus besoin d'attendre le « bon moment ». C'est votre heure. Le secret n'est pas de savoir quand commencer ; c'est simplement que vous commencez. Tout de suite. Que vous partiez de zéro ou que vous ayez déjà quelques éléments en place, ce livre vous rencontrera là où vous êtes et vous aidera à concevoir l'avenir que vous méritez.

La retraite n'est plus une ligne d'arrivée. C'est la porte d'entrée vers votre prochaine aventure. Et le meilleur ? Vous décidez comment se déroulera cette aventure.

Alors, tournons la page. Commençons.

LE VOYAGE COMMENCE

La retraite peut sembler être quelque chose de lointain dans le futur, quelque chose de réservé à une version beaucoup plus ancienne de vous-même. Mais la vérité est que le voyage vers la retraite ne commence pas lorsque vous avez la soixantaine, il commence beaucoup plus tôt. Peu importe où vous en êtes actuellement dans la vie, plus tôt vous commencerez à planifier, plus votre chemin sera fluide. Et ne vous inquiétez pas non plus si vous êtes en retard à la fête. Chaque pas que vous faites maintenant comptera.

La planification de la retraite ne consiste pas seulement à économiser de l'argent, il s'agit également de vous assurer d'avoir la liberté de vivre votre vie selon vos propres conditions le moment venu. Que vous soyez un adolescent qui vient de commencer son premier emploi ou une personne d'une quarantaine d'années essayant de donner un sens à tout cela, comprendre l'importance de commencer maintenant peut faire toute la différence.

Comprendre la retraite à tout âge

La plupart des gens considèrent la planification de la retraite comme une chose dont vous ne devriez commencer à vous soucier que lorsque vous atteignez la quarantaine ou la cinquantaine. C'est une grosse idée fausse. La réalité est que planifier la retraite, c'est comme planter un arbre : plus vous le faites tôt, plus il grandit. Mais même si vous le plantez plus tard, il peut toujours prospérer avec les bons soins. Alors, décomposons-le d'une manière qui ait du sens, quel que soit votre âge.

Si vous êtes jeune, vous avez probablement beaucoup de choses en tête : étudier, démarrer une carrière, peut-être même déterminer la direction que vous voulez que votre vie prenne. La planification de la retraite est probablement la dernière chose sur votre liste de choses à faire, mais croyez-moi, même un petit effort dès maintenant peut vous préparer à quelque chose de grand plus tard. Imaginez que vous avez 30 ans et que vous avez déjà économisé une somme importante parce que vous avez commencé à épargner dès que vous avez reçu votre premier salaire à 18 ans. Cela ne prend pas grand-chose – juste de petites cotisations régulières – et vous avez déjà une longueur d'avance. . Ce qui rend le voyage plus fluide quand on est jeune, c'est le luxe du temps. Le pouvoir des intérêts composés est comme un ingrédient magique qui agit en coulisses, multipliant votre argent au fil de votre vie quotidienne.

Mais que se passe-t-il si vous n'êtes plus jeune et que vous n'avez pas commencé à planifier ? Laissez-moi vous rassurer : il n'est pas trop tard. Bien sûr, le chemin est peut-être un peu plus raide, mais cela ne veut pas dire que c'est impossible. La chose importante à retenir est que chaque dollar que vous économisez aujourd'hui vous sera bénéfique demain. Même si vous êtes dans la quarantaine ou la cinquantaine, faire de la planification de votre retraite une priorité dès maintenant peut toujours vous mener à une retraite heureuse.

Maintenant, si vous approchez de l'âge de la retraite sans plan clair, ne paniquez pas. Il est facile de se sentir dépassé, mais la chose importante à retenir est qu'il n'est jamais trop tard pour commencer à prendre le contrôle de vos finances et que vous avez encore le temps d'apporter des changements significatifs. Cela pourrait impliquer d'augmenter vos cotisations d'épargne, d'explorer de nouvelles options d'investissement ou même de retarder votre retraite pour renforcer votre sécurité financière. La clé est de faire ce premier pas : reconnaître où vous en êtes et élaborer un plan pour aller de l'avant.

Il n'est jamais trop tôt (ni trop tard !)

En matière de planification de la retraite, le timing est primordial. De nombreuses personnes croient à tort qu'elles doivent se trouver à un certain stade de leur vie avant de pouvoir commencer à épargner pour leur retraite. La vérité est qu'il n'est jamais trop tôt ni trop tard pour commencer à planifier. Chaque étape de votre vie présente des opportunités uniques de prendre des décisions qui vous seront bénéfiques à long terme.

Si vous débutez tout juste votre carrière, considérez ceci : chaque dollar que vous économisez maintenant peut avoir un impact significatif sur votre avenir. Même si vous ne pouvez mettre de côté qu'un petit montant chaque mois, cela s'accumulera avec le temps. C'est là qu'intervient la notion d'intérêts composés. Essentiellement, les intérêts composés signifient que les intérêts que vous gagnez sur votre épargne commencent à générer leurs propres intérêts. Au fil des années, cela peut entraîner une croissance exponentielle de votre épargne. Ne vous découragez donc pas si vous ne parvenez pas à économiser beaucoup d'argent tout de suite. Commencer petit peut conduire à de grands résultats sur toute la ligne.

Mais que se passe-t-il si vous avez déjà dépassé ce stade précoce ? Peut-être avez-vous la trentaine ou la quarantaine et avez-vous l'impression d'avoir raté le coche en matière d'épargne-retraite. Rassurez-vous, il n'est pas trop tard. De nombreuses personnes de ce groupe d'âge sont dans une meilleure position pour épargner qu'elles ne le pensent. Si vous gagnez un revenu stable et que vos dépenses sont gérables, envisagez d'augmenter vos cotisations de retraite. Cela pourrait signifier maximiser vos plans de retraite parrainés par l'employeur ou explorer des opportunités d'investissement supplémentaires comme les Roth IRA.

Il est également important de reconnaître que les changements dans la vie, comme le mariage, le divorce ou la naissance d'enfants, peuvent avoir une incidence sur votre stratégie de retraite. Si vous traversez ces transitions, prenez le temps d'évaluer votre situation financière et d'ajuster vos plans en conséquence. La beauté de la planification de la retraite est qu'elle est flexible. Cela peut s'adapter à vos circonstances de vie, alors n'hésitez pas à revoir vos objectifs et à apporter les changements nécessaires.

Pour ceux qui approchent de l'âge de la retraite, il est facile d'avoir l'impression que le temps presse. Vous craignez peut-être de ne pas avoir suffisamment économisé, mais rappelez-vous : chaque pas que vous faites maintenant peut faire une différence. Envisagez de retarder votre retraite de quelques années pour donner à votre épargne plus de temps pour fructifier. Ou explorez des moyens de réduire vos dépenses et de rediriger ces fonds vers votre épargne-retraite. Il s'agit de trouver le bon équilibre et de prendre des décisions éclairées qui correspondent à vos objectifs.

Pourquoi la plupart des gens se trompent en matière de retraite

Malgré la richesse des informations disponibles sur la planification de la retraite, de nombreuses personnes ne sont toujours pas préparées à cette étape cruciale de la vie. Alors, pourquoi tant de gens se trompent-ils en matière de retraite ? L'un des plus grands pièges est la tendance à sous-estimer le montant d'argent nécessaire pour prendre une retraite confortable. De nombreuses personnes pensent pouvoir compter uniquement sur les prestations de sécurité sociale, mais celles-ci ne suffisent souvent pas à couvrir leurs frais de subsistance. Il est essentiel d'examiner de manière réaliste vos besoins financiers à la retraite et de planifier en conséquence.

Une autre erreur courante est la procrastination. La vie est bien remplie et il est facile de mettre la planification de la retraite au second plan, pensant avoir suffisamment de temps pour y réfléchir plus tard. Cependant, plus vous attendez, plus il devient difficile de rattraper votre retard. Retarder votre épargne signifie manquer de précieuses années d'intérêts composés, et ces années perdues peuvent représenter une somme d'argent importante au fil du temps.

De plus, de nombreuses personnes ne profitent pas des régimes de retraite parrainés par l'employeur, tels que les 401(k), qui s'accompagnent souvent de cotisations de contrepartie. Il s'agit essentiellement d'argent gratuit qui peut considérablement augmenter votre épargne. Ne pas contribuer à ces régimes, c'est comme laisser de l'argent sur la table. Il est important de comprendre les avantages de ces comptes et d'en tirer le meilleur parti dans le cadre de votre stratégie de retraite.

Enfin, un manque de connaissances financières peut conduire à de mauvaises décisions en matière de retraite. De nombreuses personnes ne connaissent pas les options de placement, les stratégies d'épargne ou la manière de créer un portefeuille diversifié. Cela peut entraîner des opportunités manquées et des erreurs coûteuses. Il est essentiel de se renseigner sur la planification de la retraite, que ce soit par le biais de livres, de ressources en ligne ou même en consultant un conseiller financier. Plus vous en saurez, mieux vous serez équipé pour prendre des décisions éclairées qui correspondent à vos objectifs.

Alors que vous vous lancez dans la planification de votre retraite, n'oubliez pas qu'il s'agit d'un processus qui nécessite un examen attentif et des mesures proactives. En comprenant l'importance de commencer maintenant, en acceptant la flexibilité de votre calendrier et en évitant les pièges courants, vous serez sur la bonne voie vers une retraite réussie et épanouissante. Ce voyage ne se limite pas à des chiffres ; il s'agit de créer une vie que vous aimez, remplie d'expériences et d'opportunités. Alors respirez profondément, définissez vos intentions et commencez votre voyage vers une retraite sûre et joyeuse. Le meilleur moment pour commencer était hier ; le prochain meilleur moment est maintenant.

CE QUE LA RETRAITE SIGNIFIE POUR VOUS

La retraite est un concept qui évoque un large éventail d'émotions et d'idées, variant souvent considérablement d'une personne à l'autre. Pour certains, cela symbolise une libération tant attendue du train-train quotidien, tandis que pour d'autres, cela peut représenter une incertitude ou une anxiété face à l'avenir. Comprendre ce que la retraite signifie réellement pour vous est une étape cruciale du processus de planification. Il est essentiel de reconnaître que la retraite n'est pas une expérience unique ; il s'agit plutôt d'un voyage profondément personnel façonné par vos aspirations, vos valeurs et vos choix de style de vie. Cette section explorera comment définir votre avenir idéal pour la retraite, démystifiera les mythes courants qui pourraient obscurcir votre perception et mettra en évidence l'influence de votre style de vie sur votre plan d'épargne.

Définir votre avenir parfait

Quand on pense à la retraite, il est important de commencer par se demander : à quoi cela ressemble-t-il pour moi ? La réponse peut varier considérablement en fonction des préférences individuelles, des rêves et des circonstances de la vie. Pour certains, la retraite peut signifier parcourir le monde, explorer de nouvelles cultures et goûter des plats exotiques. Pour d'autres, cela pourrait signifier s'installer dans une maison confortable, entouré de famille et d'amis, et poursuivre des passe-temps qu'ils ont toujours mis de côté en raison de leurs engagements professionnels. Il n'y a pas de bonne ou de mauvaise réponse ; il s'agit de définir ce qui vous parle vraiment.

Commencez par visualiser votre scénario de retraite idéal. Quelles activités souhaitez-vous pratiquer ? Vous voyez-vous faire du bénévolat, jardiner ou démarrer une petite entreprise ? Peut-être envisagez-vous de passer plus de temps avec vos petits-enfants, de suivre des cours d'art ou simplement de profiter de soirées tranquilles en lisant des livres. Prenez le temps de réfléchir à vos intérêts et vos passions. Écrivez vos pensées. Cet exercice vous aidera à clarifier ce que vous souhaitez réaliser au cours de vos années de retraite.

De plus, tenez compte de vos valeurs. Qu'est-ce qui est le plus important pour vous ? Est-ce la sécurité, l'aventure, la communauté ou l'épanouissement personnel ? Comprendre vos valeurs fondamentales peut influencer considérablement la façon dont vous envisagez votre retraite. Par exemple, si l'engagement communautaire est vital pour vous, vous souhaiterez peut-être donner la priorité à la vie dans un quartier où vous pourrez vous connecter avec les autres et participer aux activités locales. Alternativement, si l'aventure est votre moteur, vous pouvez choisir un régime de retraite qui alloue des fonds pour les voyages et l'exploration.

Il est également essentiel de reconnaître que la retraite peut changer avec l'âge. Vos rêves et vos désirs peuvent évoluer, il est donc crucial de rester adaptable. Ce que vous envisagez pour votre retraite à 50 ans peut différer de votre vision à 70 ans ou au-delà. C'est bon ! La clé est de réévaluer régulièrement vos objectifs et de procéder aux ajustements nécessaires. Cette flexibilité vous permet de créer un plan de retraite qui correspond à vos aspirations évolutives, conduisant finalement à une expérience plus épanouissante.

Démystifier les mythes sur la retraite que vous avez toujours entendus

La retraite est souvent entourée de mythes et d'idées fausses qui peuvent fausser notre compréhension et nos efforts de planification. Prenons un moment pour démystifier certains de ces mythes courants sur la retraite qui peuvent persister dans votre esprit et vous empêcher d'aborder la retraite avec confiance et clarté.

Un mythe répandu est l'idée selon laquelle la retraite signifie que vous n'aurez rien à faire. Beaucoup de gens envisagent la retraite comme une période remplie d'ennui et d'inactivité.

Cependant, la réalité est tout le contraire. La retraite peut être une période d'engagement dynamique, d'exploration et de croissance personnelle. C'est l'occasion de poursuivre des intérêts et des passe-temps que vous avez peut-être mis de côté au cours de vos années de travail. La clé est de créer de manière proactive un style de vie de retraite épanouissant qui vous permet de rester actif mentalement et physiquement. Qu'il s'agisse de rejoindre des clubs, de suivre des cours ou de faire du bénévolat, les options sont infinies.

Une autre idée fausse très répandue est que vous devrez réduire considérablement vos dépenses une fois à la retraite. S'il est vrai que certaines dépenses peuvent diminuer, comme les frais de déplacement ou les dépenses liées au travail, d'autres peuvent augmenter. Les frais de santé, par exemple, peuvent devenir un facteur important dans votre budget de retraite. De plus, vous souhaiterez peut-être voyager davantage ou poursuivre de nouveaux passe-temps qui entraînent leurs propres coûts. Au lieu de supposer que vous devrez réduire considérablement vos dépenses, concentrez-vous sur la création d'un budget réaliste qui reflète le style de vie que vous souhaitez à la retraite.

On pense également que la sécurité sociale couvrira tous vos besoins en matière de retraite. Même si la sécurité sociale peut constituer un précieux filet de sécurité, elle ne suffit pas comme unique source de revenus. De nombreuses personnes constatent que leurs prestations de sécurité sociale ne couvrent qu'une partie de leurs dépenses à la retraite. Il est essentiel de mettre en place des stratégies d'épargne et d'investissement supplémentaires pour garantir que vous puissiez maintenir le niveau de vie souhaité.

Enfin, certaines personnes pensent qu'elles ne peuvent pas se permettre de prendre une retraite anticipée ou de prendre des congés. Ce mythe peut entraîner un stress inutile et une réticence à planifier une retraite épanouissante. La vérité est qu'avec une planification minutieuse et des décisions financières judicieuses, il est possible de prendre une retraite anticipée ou de profiter de périodes sabbatiques tout au long de votre carrière. La clé est de créer un plan d'épargne qui correspond à vos objectifs et priorités. Cela peut impliquer de faire des sacrifices dès le début, mais les résultats peuvent en valoir la peine à long terme.

En démystifiant ces mythes, vous pouvez aborder la retraite avec une nouvelle perspective et une compréhension plus réaliste de ce à quoi vous attendre. N'oubliez pas que la retraite est un parcours personnel et qu'il vous appartient de définir ce qu'elle signifie pour vous, sans les idées fausses qui obscurcissent souvent notre jugement.

Comment le style de vie façonne votre plan d'épargne

Votre style de vie joue un rôle crucial dans l'élaboration de votre plan d'épargne-retraite. Les choix que vous faites aujourd'hui concernant votre situation de vie, vos habitudes de dépenses et votre trajectoire de carrière auront un impact direct sur le montant que vous devrez épargner pour la retraite. Comprendre cette relation est essentiel pour créer une stratégie de retraite réussie qui correspond à vos objectifs et à votre situation uniques.

Tout d'abord, considérez votre style de vie actuel. Êtes-vous quelqu'un qui aime un style de vie minimaliste ou avez-vous tendance à vous adonner au luxe ? Vos habitudes de dépenses actuelles peuvent affecter considérablement votre épargne pour l'avenir. Si vous vivez d'un chèque de paie à l'autre ou si vous dépensez constamment trop pour des articles non essentiels, il est crucial de réévaluer vos priorités financières. La mise en œuvre d'un budget peut vous aider à identifier les domaines dans lesquels vous pouvez réduire, vous permettant ainsi de rediriger ces fonds vers l'épargne-retraite. Il s'agit de trouver un équilibre entre profiter de votre présent et investir dans votre avenir.

Ensuite, réfléchissez au style de vie que vous souhaiteriez à la retraite. C'est là que vos réflexions antérieures sur votre avenir parfait entrent en jeu. Comment veux-tu vivre ? Aurez-vous envie de voyager beaucoup ? Allez-vous soutenir un membre de votre famille ou poursuivre des passe-temps qui nécessitent un investissement financier ? Plus vous aurez de clarté sur votre style de vie futur, plus vous pourrez calculer avec précision le montant que vous devrez épargner.

Par exemple, si la retraite de vos rêves implique des voyages et des explorations fréquents, il est essentiel de prévoir un budget pour ces expériences. Envisagez de vous fixer des objectifs d'épargne spécifiques pour les dépenses liées aux voyages et tenez-en compte dans votre plan de retraite global. D'un autre côté, si vous envisagez une retraite plus calme, remplie d'activités locales et d'implication communautaire, vos objectifs d'épargne pourraient être différents.

De plus, votre parcours professionnel peut influencer votre stratégie d'épargne. Si vous exercez une profession bien rémunérée, vous pourriez avoir la possibilité d'épargner de manière plus agressive. À l'inverse, si vous travaillez dans un domaine moins bien rémunéré, vous devrez peut-être explorer des stratégies d'épargne alternatives ou des activités secondaires pour compléter vos revenus. Il est essentiel d'évaluer votre potentiel de gains et d'identifier les opportunités d'avancement qui peuvent renforcer votre épargne-retraite.

Enfin, lorsque vous évaluez votre mode de vie, pensez à l'importance de la santé et du bien-être. Un mode de vie sain peut entraîner une réduction des coûts des soins de santé à la retraite, ce qui peut avoir un impact significatif sur votre épargne. Investir dès maintenant dans votre bien-être physique et mental peut s'avérer payant à long terme, vous permettant de profiter d'une retraite plus longue et en meilleure santé. Pensez à intégrer de l'exercice, une alimentation nutritive et des techniques de réduction du stress à votre routine quotidienne pour favoriser un mode de vie plus sain.

N'oubliez pas que ce voyage n'est pas seulement une question de sécurité financière ; il s'agit de créer une vie qui correspond à vos passions et à vos valeurs. Pendant que vous traversez cette phase passionnante, restez ouvert à de nouvelles possibilités et demeurez proactif dans la poursuite de la retraite de vos rêves. Votre futur moi vous en remerciera.

COMBIEN C'EST ASSEZ ?

En matière de planification de la retraite, l'une des questions les plus fréquemment posées est : « De combien ai-je besoin pour prendre ma retraite ? » Cette question peut susciter de l'anxiété, de la confusion et parfois un sentiment de désespoir. De nombreuses personnes recherchent ce qu'on appelle un « chiffre magique », croyant que s'ils épargnent simplement un montant spécifique, ils seront en sécurité et heureux à la retraite. Cependant, cette notion peut conduire à des attentes irréalistes et à des opportunités manquées de paix financière. Dans cette section, nous explorerons le mythe du nombre magique, discuterons de la façon de fixer des objectifs financiers réalistes adaptés à votre situation unique et vous aiderons à élaborer un plan de retraite qui s'intègre parfaitement à votre vie.

Briser le mythe du « nombre magique »

L'idée d'un chiffre magique dans la planification de la retraite découle souvent de conseils généralisés et de données statistiques qui tentent de quantifier ce que les individus auraient dû épargner à un certain âge. Ce chiffre représente généralement une somme forfaitaire suggérée par de nombreux experts financiers, allant souvent de 10 à 25 fois votre revenu annuel. Même si ces lignes directrices peuvent constituer un point de départ utile, elles peuvent également être trompeuses. La réalité est que le concept d'un nombre magique unique est trop simpliste et ne prend pas en compte les nuances des modes de vie, des dépenses et des objectifs individuels.

L'une des raisons pour lesquelles le mythe du nombre magique est si problématique est qu'il peut créer une référence irréaliste pour les gens. De nombreuses personnes peuvent croire qu'une fois qu'elles auront atteint cette somme magique, elles pourront enfin se détendre et profiter de leur retraite. Cependant, la retraite ne dépend pas seulement du montant d'argent dont vous disposez ; il s'agit de l'efficacité avec laquelle vous gérez vos finances pour soutenir le style de vie souhaité. Le montant d'argent dont vous avez besoin à la retraite dépend de divers facteurs, notamment votre âge, votre état de santé, l'âge de la retraite, vos besoins en matière de revenu et votre espérance de vie.

Au lieu de vous concentrer sur un montant précis, il est essentiel de vous concentrer sur votre situation financière particulière et vos objectifs de retraite. Commencez par réfléchir à ce à quoi vous souhaitez que votre retraite ressemble. Quels sont vos intérêts ? Voyagerez-vous fréquemment ? Envisagez-vous de vivre dans un endroit particulier ? Allez-vous continuer à travailler à temps partiel ? En répondant à ces questions, vous pouvez créer un plan plus personnalisé qui prend en compte vos besoins spécifiques plutôt qu'un chiffre magique unique.

De plus, il est essentiel de reconnaître que l'inflation jouera un rôle important dans la planification de votre retraite. Le coût de la vie peut changer considérablement au fil du temps, ce qui signifie que vos dépenses d'aujourd'hui pourraient ne pas refléter ce dont vous aurez besoin à l'avenir. À mesure que les prix augmentent, votre épargne devra suivre le rythme pour maintenir le niveau de vie souhaité. Il est donc important d'élaborer une stratégie d'épargne flexible, capable de s'adapter aux changements économiques et à l'inflation.

En fin de compte, le mythe du nombre magique peut conduire à un sentiment d'insuffisance si vous sentez que vous n'atteignez pas ce chiffre arbitraire. Cultivez plutôt un état d'esprit axé sur votre parcours financier unique, en permettant des ajustements et de la flexibilité en cours de route. En brisant ce mythe, vous vous donnez les moyens de créer un plan de retraite plus authentique et épanouissant qui correspond à vos valeurs et à vos objectifs.

Fixer des objectifs financiers réalistes

Maintenant que nous avons discuté des pièges du nombre magique, il est temps de se concentrer sur l'établissement d'objectifs financiers réalistes qui correspondent à votre vision de la retraite. Ce processus implique une évaluation minutieuse de votre situation financière actuelle, de vos aspirations futures et du style de vie que vous souhaitez atteindre pendant la retraite.

La première étape pour fixer des objectifs financiers réalistes consiste à évaluer votre santé financière actuelle. Examinez attentivement vos revenus, vos dépenses, vos économies et vos dettes. Créez un budget complet qui décrit vos habitudes de dépenses mensuelles et vous aide à identifier les domaines dans lesquels vous pouvez réduire ou économiser davantage. Connaître votre paysage financier est essentiel pour créer des objectifs de retraite réalisables.

Ensuite, déterminez vos besoins en matière de revenu de retraite. Réfléchissez au montant d'argent dont vous aurez besoin pour maintenir le style de vie souhaité. Pensez à vos dépenses essentielles, telles que le logement, les soins de santé, la nourriture et le transport, ainsi qu'aux dépenses discrétionnaires liées aux voyages, aux divertissements et aux loisirs. L'estimation de ces coûts vous permettra d'avoir une idée plus précise du revenu dont vous aurez besoin à la retraite.

Une fois que vous avez déterminé vos besoins en matière de revenu, réfléchissez aux sources potentielles de revenu de retraite. Cela peut inclure les prestations de sécurité sociale, les régimes de retraite, les comptes de retraite et les investissements. Comprendre vos sources de revenus vous aidera à évaluer combien vous devez épargner pour combler les éventuelles lacunes.

Lorsque vous fixez des objectifs financiers, visez une combinaison d'objectifs à court et à long terme. Les objectifs à court terme pourraient inclure la constitution d'un fonds d'urgence, le remboursement de dettes à taux d'intérêt élevé ou la contribution à un compte de retraite. Les objectifs à long terme peuvent inclure l'atteinte d'une étape d'épargne spécifique ou la constitution d'un portefeuille d'investissement diversifié. En établissant les deux types d'objectifs, vous créez une feuille de route financière équilibrée qui permet flexibilité et croissance.

Un autre aspect essentiel de la définition d'objectifs financiers réalistes est la création d'un calendrier. Réfléchissez au moment où vous envisagez de prendre votre retraite et de travailler à rebours pour déterminer combien vous devez épargner chaque année pour atteindre le revenu souhaité. En décomposant vos objectifs en étapes gérables, vous pouvez mesurer vos progrès au fil du temps et apporter les ajustements nécessaires.

De plus, il est essentiel de rester adaptable dans votre approche de définition d'objectifs. La vie peut être imprévisible et les circonstances peuvent changer. Réévaluez régulièrement vos objectifs pour vous assurer qu'ils correspondent toujours à votre style de vie en évolution et à votre vision de la retraite. En restant flexible et ouvert au changement, vous pouvez surmonter les obstacles en toute confiance et ajuster votre stratégie financière si nécessaire.

En fin de compte, fixer des objectifs financiers réalistes consiste à créer un plan personnalisé qui reflète vos valeurs, vos aspirations et votre situation. En adoptant une approche holistique de votre avenir financier, vous vous donnez les moyens de prendre des décisions éclairées et de travailler à une retraite épanouissante.

Construire un plan qui correspond à votre vie

Maintenant que vous comprenez clairement votre vision de la retraite et vos objectifs financiers réalistes, il est temps d'élaborer un plan adapté à votre vie. Un plan de retraite réussi ne dépend pas seulement du montant que vous épargnez, mais également de la façon dont vous allouez vos ressources et gérez vos finances au fil du temps. Explorons les éléments clés de la création d'un plan de retraite qui correspond à vos besoins et aspirations uniques.

La première étape pour bâtir votre plan de retraite consiste à déterminer votre stratégie d'épargne. Cela implique de choisir les bons comptes de retraite et les bonnes options d'investissement en fonction de vos objectifs, de votre tolérance au risque et de votre horizon temporel. Envisagez des comptes de retraite fiscalement avantageux, tels qu'un 401(k) ou un IRA, car ils peuvent offrir de précieux avantages pour l'épargne à long terme. Cotisez suffisamment pour recevoir une contrepartie de votre employeur si vous avez accès à un régime de retraite au travail, car cela peut augmenter considérablement votre épargne.

Lorsque vous élaborez votre stratégie d'investissement, il est essentiel de tenir compte de votre tolérance au risque. Cela fait référence à votre degré de confort face aux fluctuations du marché et aux pertes potentielles. Une personne plus jeune peut être plus encline à prendre des risques plus élevés pour obtenir de plus grandes récompenses potentielles, tandis qu'une personne proche de la retraite pourrait donner la priorité à la préservation du capital. La diversification de vos investissements peut aider à atténuer les risques tout en maximisant les rendements potentiels.

Ensuite, assurez-vous que votre plan comprend un fonds d'urgence. Ce filet de sécurité vous aidera à faire face aux difficultés financières inattendues qui pourraient survenir au cours de vos années de retraite. Essayez de mettre de côté trois à six mois de frais de subsistance sur un compte d'épargne à haut rendement. Ce fonds vous procurera une tranquillité d'esprit et réduira le besoin de puiser dans votre épargne-retraite pour faire face à des dépenses imprévues.

Pensez également à intégrer des options d'assurance dans votre plan de retraite. L'assurance maladie, l'assurance soins de longue durée et l'assurance vie peuvent jouer un rôle essentiel dans la protection de votre avenir financier. Comprenez les différents types d'assurance disponibles et évaluez vos besoins en fonction de votre état de santé, de vos antécédents familiaux et de vos projets de retraite.

Pendant que vous mettez en œuvre votre plan, restez déterminé à le surveiller régulièrement et à l'ajuster si nécessaire. Cela peut impliquer de revoir vos objectifs, de réaffecter vos investissements ou d'augmenter vos cotisations en fonction de votre situation financière. Les changements dans la vie, comme un nouvel emploi, un mariage ou des dépenses imprévues, peuvent nécessiter une mise à jour de votre plan. Établissez une routine pour examiner vos progrès, au moins une fois par an, afin de vous assurer que vous êtes sur la bonne voie pour atteindre vos objectifs de retraite.

Il est également utile de demander conseil à des professionnels de la finance lors de l'élaboration de votre plan de retraite. Les conseillers financiers peuvent vous fournir des informations et des stratégies personnalisées pour vous aider à naviguer dans les complexités de la planification de la retraite. Recherchez des conseillers qui correspondent à vos valeurs et qui ont l'obligation fiduciaire d'agir dans votre meilleur intérêt. Un conseiller de confiance peut vous aider à clarifier vos objectifs, à affiner votre stratégie et à vous responsabiliser pendant que vous préparez votre retraite.

Enfin, n'oubliez pas que la planification de la retraite est un voyage et non une destination. Cela nécessite des efforts continus, du dévouement et une volonté d'adaptation. Adoptez le processus et restez engagé dans vos finances. Célébrez les étapes franchies tout au long de votre parcours et reconnaissez les progrès que vous avez réalisés. Plus vous serez proactif dans la gestion de votre plan de retraite, plus vous vous sentirez autonome à l'approche de ce chapitre passionnant de votre vie.

Embrassez le voyage et prenez des mesures proactives vers une retraite qui vous apporte joie et satisfaction. Votre futur moi vous remerciera pour la planification réfléchie et les efforts que vous investissez aujourd'hui.

CONSTRUIRE VOTRE FORTERESSE DE RETRAITE

Alors que vous vous lancez dans votre parcours vers une retraite sûre et épanouissante, il est essentiel de bâtir une base financière solide capable de résister aux épreuves du temps et aux fluctuations des marchés. Cette fondation, souvent appelée votre forteresse de retraite, combine diverses stratégies, outils et principes conçus pour maximiser votre patrimoine et assurer votre indépendance financière. Dans cette section, nous examinerons le rôle puissant des intérêts composés, explorerons l'art de la diversification et démystifierons le monde des actions, des obligations et d'autres investissements sans nous noyer dans le jargon. Chacun de ces éléments contribuera à renforcer votre stratégie de retraite, vous permettant ainsi de naviguer dans le paysage financier en toute confiance.

Le pouvoir des intérêts composés : votre meilleur ami

Imaginez planter un arbre. Au début, ce n'est qu'une petite graine enfouie dans le sol. Avec le temps, l'eau, la lumière du soleil et les soins, cette graine se transforme en un arbre florissant, fournissant éventuellement de l'ombre et des fruits. Ce processus reflète le concept d'intérêt composé dans l'épargne-retraite. Il s'agit de la croissance de votre argent, non seulement grâce à vos cotisations, mais également grâce aux intérêts que vos investissements rapportent au fil du temps. Comprendre et exploiter ce pouvoir peut changer la donne dans votre parcours financier.

À la base, les intérêts composés signifient que les intérêts que vous gagnez sur votre épargne rapportent également des intérêts. Cela crée un effet boule de neige ; avec le temps, votre argent peut croître de façon exponentielle. Plus tôt vous commencez à épargner et à investir, plus vous consacrerez de temps à la capitalisation de votre argent. Pensez-y de cette façon : si vous investissez 1 000 $ aujourd'hui avec un taux d'intérêt annuel hypothétique de 5 %, dans 20 ans, vous disposerez d'environ 2 653 $. Mais si vous attendez dix ans pour investir le même montant, vous n'aurez qu'environ 1 645 $ après 20 ans. La différence ? Du temps, qui permet à votre argent de travailler pour vous.

Ce pouvoir de capitalisation peut souvent être sous-estimé, en particulier par les jeunes qui peuvent considérer la retraite comme une préoccupation lointaine. La vérité est que plus tôt vous commencerez votre parcours d'épargne, plus l'impact sera important. Chaque dollar que vous investissez dès le début a le potentiel de devenir bien plus au moment où vous prenez votre retraite. Ce principe souligne l'importance de commencer tôt et de contribuer de manière cohérente, même si les montants semblent faibles. Une petite quantité suffit lorsqu'on lui donne la possibilité de s'accumuler au fil du temps.

Il est également crucial de rester investi pendant les fluctuations du marché. Même s'il est naturel global. Plongeons plus profondément dans l'art de la diversification et explorons son fonctionnement et pourquoi elle est essentielle pour votre avenir financier.

Imaginez que vous participez à un dîner-partage entre amis. Si vous n'apportez qu'un seul plat et que cela s'avère être un échec, vos options de repas pourraient être considérablement limitées. Cependant, si vous apportez plusieurs plats, vous pouvez vous assurer un repas plus agréable, quel que soit le succès d'un seul plat. Le même principe s'applique à l'investissement. En diversifiant votre portefeuille, vous pouvez réduire le risque associé à tout investissement individuel tout en augmentant vos chances d'obtenir des rendements favorables.

L'une des principales raisons pour lesquelles la diversification fonctionne est que les différentes classes d'actifs se comportent souvent différemment selon les conditions du marché. Par exemple, en période de croissance économique, les actions peuvent prospérer à mesure que les entreprises voient leurs bénéfices augmenter. À l'inverse, en période de ralentissement économique, les obligations peuvent surperformer les actions, les investisseurs recherchant des valeurs refuges pour leur argent. En détenant une combinaison d'actifs, vous pouvez protéger votre portefeuille contre la volatilité des marchés et améliorer la probabilité d'une croissance régulière au fil du temps.

Lorsque vous construisez un portefeuille diversifié, envisagez d'inclure une combinaison d'actions, d'obligations et d'autres actifs nationaux et internationaux. Chacune de ces catégories peut se comporter différemment en fonction des conditions économiques, des taux d'intérêt et des événements mondiaux. De plus, vous souhaiterez peut-être explorer des investissements alternatifs, tels que l'immobilier ou les matières premières, pour élargir davantage votre exposition.

Un autre aspect essentiel de la diversification consiste à rééquilibrer régulièrement votre portefeuille. À mesure que les marchés fluctuent, les proportions de vos investissements peuvent s'écarter de l'allocation souhaitée. Par exemple, si vos investissements en actions surperforment le marché, ils peuvent représenter un pourcentage de votre portefeuille plus important que prévu. Le rééquilibrage implique la vente de certains de vos actifs les plus performants et la réaffectation du produit vers des actifs moins performants afin de maintenir votre allocation cible. Ce processus permet de garantir que vous n'êtes pas trop exposé à un seul investissement ou classe d'actifs, vous permettant ainsi de gérer efficacement les risques.

Bien que la diversification soit une stratégie puissante, il est essentiel de se rappeler qu'elle ne garantit pas les profits ni ne protège contre les pertes dans un marché en déclin. Cependant, il offre une approche d'investissement plus équilibrée, qui peut vous aider à traverser les hauts et les bas du marché avec plus de confiance.

Enfin, tenez compte de votre tolérance personnelle au risque lorsque vous diversifiez.

Chaque individu a un niveau de confort différent concernant le risque et la perte potentielle. Évaluez vos objectifs financiers, votre horizon de placement et votre réaction émotionnelle aux fluctuations du marché afin de déterminer une combinaison d'actifs appropriée pour votre portefeuille. Comprendre votre tolérance au risque vous permettra de prendre des décisions éclairées et de créer une stratégie d'investissement complète adaptée à vos besoins.

Pour résumer, l'art de la diversification est un outil puissant pour bâtir votre forteresse de retraite. En répartissant vos investissements entre différentes classes d'actifs et en rééquilibrant régulièrement votre portefeuille, vous pouvez gérer le risque tout en vous positionnant pour une croissance potentielle. Cette stratégie augmentera non seulement vos chances d'atteindre vos objectifs de retraite, mais vous procurera également une tranquillité d'esprit pendant que vous vous frayez un chemin à travers le terrain en constante évolution des marchés financiers.

Naviguer parmi les actions, les obligations et autres investissements (sans le jargon !)

Naviguer dans le monde des investissements peut parfois sembler écrasant, surtout avec le jargon et les termes complexes souvent utilisés. Cependant, comprendre les bases des actions, des obligations et des autres véhicules d'investissement est crucial pour bâtir votre forteresse de retraite. En démystifiant ces concepts et en les décomposant en éléments compréhensibles, vous vous sentirez plus en mesure de prendre des décisions éclairées concernant votre avenir financier.

Commençons par les actions. Lorsque vous achetez une action, vous achetez une petite participation dans une entreprise. À mesure que l'entreprise se développe et devient plus rentable, la valeur de vos actions peut augmenter, vous permettant de les vendre avec profit. De plus, certaines entreprises versent des dividendes (des paiements réguliers en espèces aux actionnaires), offrant ainsi un autre moyen de tirer un revenu de votre investissement.

Cependant, il est important de reconnaître que les actions peuvent être volatiles, ce qui signifie que leur valeur peut fluctuer considérablement au fil du temps. Bien qu'investir dans des actions puisse offrir un potentiel de rendements plus élevés, cela comporte également un risque accru.

D'un autre côté, les obligations représentent un prêt que vous accordez à un gouvernement ou à une entreprise en échange de paiements d'intérêts périodiques. Lorsque vous achetez une obligation, vous prêtez essentiellement votre argent à l'émetteur pour une période déterminée. A l'issue de cette période, l'émetteur rembourse le montant principal de l'obligation. Les obligations ont tendance à être moins volatiles que les actions, ce qui en fait un choix populaire pour ceux qui recherchent la stabilité de leur portefeuille d'investissement. Cependant, ils offrent généralement des rendements inférieurs à ceux des actions, c'est pourquoi ils sont souvent considérés comme une option plus sûre.

Outre les actions et les obligations, il existe d'autres véhicules d'investissement à considérer. L'immobilier, par exemple, peut constituer un atout précieux dans votre portefeuille de retraite. Investir dans l'immobilier peut générer des revenus locatifs tout en prenant de la valeur au fil du temps. Les fiducies de placement immobilier (REIT) vous permettent d'investir dans l'immobilier sans avoir besoin d'acheter et de gérer directement des propriétés. Ces fiducies mettent en commun les fonds de plusieurs investisseurs pour acheter des propriétés génératrices de revenus, offrant ainsi un moyen de bénéficier du potentiel de l'immobilier sans les complexités de la propriété directe.

Les fonds communs de placement et les fonds négociés en bourse (FNB) sont des options de placement supplémentaires qui peuvent simplifier la gestion de votre portefeuille. Ces fonds mettent en commun l'argent de plusieurs investisseurs pour investir dans une combinaison diversifiée d'actions, d'obligations ou d'autres actifs. En investissant dans un fonds commun de placement ou un FNB, vous obtenez une exposition à une variété de placements, réduisant ainsi les risques associés aux actions ou obligations individuelles. Ils constituent une excellente option pour les débutants qui souhaitent se diversifier sans avoir à rechercher et à gérer de nombreux investissements.

Lorsque vous explorez différentes options de placement, il est essentiel d'élaborer une stratégie de placement qui correspond à vos objectifs financiers et à votre tolérance au risque. Cette stratégie guidera vos décisions quant aux investissements à poursuivre et à la manière de répartir efficacement vos actifs. N'oubliez pas qu'investir est un voyage à long terme et qu'il est essentiel de rester patient et discipliné tout au long du processus.

Enfin, n'ayez pas peur de demander conseil pour trouver votre voie en matière d'investissement. Les conseillers financiers et les ressources en ligne peuvent fournir des informations précieuses et vous aider à prendre des décisions éclairées. En vous renseignant sur les options d'investissement et les tendances du marché, vous pourrez prendre en charge votre avenir financier.

En comprenant les bases de ces véhicules de placement et la façon dont ils s'intègrent dans votre stratégie de retraite, vous pouvez faire des choix éclairés qui correspondent à vos objectifs financiers. N'oubliez pas que bâtir votre forteresse de retraite demande du temps, de la patience et un engagement à apprendre. En entreprenant ce voyage, vous serez sur la bonne voie pour atteindre une retraite sûre et épanouissante.

VOTRE 401(K), IRA ET AU-DELÀ

DÉBLOQUER DES TRÉSORS CACHÉS

La planification de la retraite peut sembler être un chemin long et sinueux, mais en cours de route, il existe des trésors cachés, comme votre 401(k), votre IRA et d'autres instruments d'épargne, qui peuvent rendre le voyage plus fluide et plus gratifiant. Ces outils ne sont pas seulement essentiels pour assurer votre avenir ; ils offrent également des opportunités uniques d'accroître votre patrimoine, de profiter d'avantages fiscaux et même de gagner de l'argent gratuitement grâce à des contributions de contrepartie. En libérant le potentiel de ces trésors, vous vous donnerez une longueur d'avance sur le chemin de l'indépendance financière. Voyons comment maximiser ces avantages de manière à ce que vous vous sentiez autonome et prêt à atteindre vos objectifs de retraite.

Tirer le meilleur parti des avantages sociaux de l'employeur

L'un des plus grands avantages de travailler pour un employeur est la gamme d'avantages sociaux qui peuvent vous aider à préparer votre retraite. Qu'il s'agisse d'un plan 401(k), de cotisations de contrepartie ou de participation aux bénéfices, ces avantages offerts par l'employeur peuvent être comme un trésor enfoui, attendant d'être découverts et maximisés pour votre avantage à long terme. Comprendre comment tirer le meilleur parti de ces avantages est essentiel pour bâtir une base de retraite solide.

Commençons par le 401(k), l'un des plans d'épargne-retraite les plus courants proposés par les employeurs. Un 401(k) vous permet d'épargner pour la retraite en versant une partie de votre revenu avant impôts directement sur un compte d'investissement. La beauté de ce plan réside dans sa simplicité : votre employeur s'occupe généralement de la logistique et vous pouvez mettre en place des retenues salariales automatiques pour économiser sans effort. De plus, de nombreux employeurs proposent une contrepartie égale à vos cotisations, ce qui signifie qu'ils verseront des fonds supplémentaires sur votre compte en fonction de ce que vous versez. Par exemple, si votre employeur offre une contrepartie de 100 % sur les premiers 5 % de votre salaire que vous cotisez et que vous gagnez 50 000 $ par an, vous pourriez recevoir 2 500 $ de plus chaque année simplement en cotisant 2 500 $ de votre propre argent. C'est essentiellement de l'argent gratuit pour votre retraite !

Il est crucial de maximiser cet avantage correspondant. Si vous ne contribuez pas suffisamment pour obtenir la totalité de la contribution, vous laissez essentiellement de l'argent sur la table. Même s'il peut sembler difficile de se séparer d'une partie de son salaire, les avantages à long terme dépassent de loin les sacrifices à court terme. Les cotisations de contrepartie accélèrent la croissance de votre épargne-retraite, donnant à votre pécule un coup de pouce significatif au fil du temps.

De plus, les cotisations 401(k) réduisent votre revenu imposable l'année où vous les versez. Étant donné que les cotisations sont versées avec des dollars avant impôt, elles réduisent le montant du revenu assujetti à l'impôt fédéral sur le revenu. Ce double avantage – accroître votre épargne tout en réduisant votre obligation fiscale – fait du 401(k) l'un des outils les plus puissants de votre arsenal de retraite.

Mais il ne s'agit pas seulement de contribuer ; il s'agit également de gérer judicieusement vos investissements. La plupart des plans 401(k) offrent une gamme d'options d'investissement, notamment des fonds communs de placement, des fonds à date cible et des fonds obligataires. Prenez le temps d'examiner vos options et de choisir des placements qui correspondent à votre calendrier de retraite et à votre tolérance au risque. Si vous n'êtes pas à l'aise pour prendre ces décisions par vous-même, de nombreux régimes offrent la possibilité de consulter un conseiller financier ou d'utiliser des services d'investissement automatisés.

En plus du 401(k), certains employeurs proposent des plans de participation aux bénéfices ou des stock-options. Ces programmes vous permettent de partager le succès de l'entreprise en recevant une partie des bénéfices ou en achetant des actions de l'entreprise à un tarif réduit. Bien que ces avantages puissent constituer un excellent coup de pouce à votre épargne-retraite, soyez prudent si vous ne surinvestissez pas dans les actions de votre employeur. La diversification est essentielle à la gestion des risques, alors assurez-vous de ne pas mettre trop d'œufs dans le même panier.

Pour vraiment tirer le meilleur parti de vos avantages d'employeur, commencez par cotiser suffisamment à votre 401(k) pour obtenir la correspondance complète, révisez et ajustez périodiquement vos options d'investissement et profitez de tous les avantages supplémentaires comme la participation aux bénéfices ou les options d'achat d'actions. Ce faisant, vous serez sur la bonne voie pour débloquer les trésors cachés fournis par votre employeur.

IRA : votre véhicule de retraite personnalisé

Bien que les régimes parrainés par l'employeur comme le 401(k) soient des outils puissants, ils ne constituent pas la seule option pour épargner en vue de la retraite. Les comptes de retraite individuels (IRA) offrent une approche plus personnalisée de l'épargne-retraite, vous donnant un meilleur contrôle sur comment et où votre argent est investi. Que vous soyez travailleur indépendant, que vous n'ayez pas accès à un 401(k) ou que vous souhaitiez simplement compléter votre épargne, un IRA peut être un ajout précieux à votre stratégie de retraite.

Il existe deux principaux types d'IRA : les IRA traditionnels et les Roth IRA. Chacun offre des avantages distincts, et le bon choix pour vous dépendra de votre situation financière actuelle et de vos objectifs à long terme. Décomposons les principales différences afin que vous puissiez choisir la meilleure option pour vos besoins.

Un IRA traditionnel fonctionne un peu comme un 401(k) dans la mesure où vos cotisations sont versées avec des dollars avant impôt, ce qui réduit votre revenu imposable pour l'année. L'argent de votre compte fructifie à l'abri de l'impôt, ce qui signifie que vous ne devrez pas d'impôt sur les revenus tant que vous n'aurez pas commencé à effectuer des retraits à la retraite. Il s'agit d'un avantage important si vous prévoyez être dans une tranche d'imposition inférieure à la retraite, car vous paierez moins d'impôts lorsque vous retirerez les fonds.

D'un autre côté, un Roth IRA est financé avec des dollars après impôt. Cela signifie que vous ne bénéficiez pas d'un allégement fiscal immédiat sur vos cotisations, mais que vos retraits à la retraite sont totalement exonérés d'impôt. Cela peut être une excellente option si vous prévoyez être dans une tranche d'imposition plus élevée à la retraite, ou si vous voulez simplement vous assurer que vous ne devrez pas d'impôt sur vos gains de placement plus tard. L'une des caractéristiques les plus attrayantes du Roth IRA est qu'il permet à votre argent de croître en franchise d'impôt, ce qui en fait un choix idéal pour les jeunes épargnants ayant un horizon d'investissement à long terme.

Les IRA offrent également plus de flexibilité que les régimes parrainés par l'employeur. Alors que les 401(k) proposent généralement un menu limité d'options d'investissement, les IRA vous permettent d'investir dans un large éventail d'actifs, notamment des actions, des obligations, des fonds communs de placement et même des investissements alternatifs comme l'immobilier ou la crypto-monnaie (selon le fournisseur). . Cette liberté vous donne la possibilité d'adapter vos investissements à vos objectifs spécifiques et à votre tolérance au risque.

En termes de limites de contribution, les IRA ont des limites annuelles inférieures à celles des 401(k). Pour 2024, la contribution maximale à un IRA est de 6 500 $ (ou 7 500 $ si vous avez 50 ans ou plus). Bien que ce soit inférieur à ce que vous pouvez cotiser à un 401(k), il s'agit toujours d'un montant important qui peut augmenter considérablement avec le temps, surtout si vous profitez des avantages fiscaux offerts par chaque type d'IRA.

Si vous êtes travailleur indépendant ou propriétaire d'une petite entreprise, vous pouvez également envisager un SEP IRA ou un Solo 401(k). Ces régimes offrent des plafonds de cotisation plus élevés et sont conçus pour aider les entrepreneurs et les propriétaires de petites entreprises à épargner pour leur retraite de manière fiscalement avantageuse. Un SEP IRA vous permet de cotiser jusqu'à 25 % de votre rémunération, avec un maximum de 66 000 $ pour 2024. Pendant ce temps, un Solo 401(k) offre des avantages similaires mais vous permet de cotiser à la fois en tant qu'employé et en tant qu'employeur, augmentant potentiellement votre plafond de cotisation.

En fin de compte, un IRA offre un véhicule de retraite flexible et personnalisé qui peut compléter votre plan parrainé par l'employeur ou servir de principal outil d'épargne. Que vous choisissiez un IRA traditionnel ou Roth, ou que vous exploriez des options spécialisées comme un SEP IRA ou un Solo 401(k), ces comptes offrent de précieuses opportunités pour faire fructifier votre épargne-retraite de manière fiscalement avantageuse.

La magie des cotisations de contrepartie et des avantages fiscaux

Prenons un moment pour apprécier la magie qui consiste à égaler les cotisations et les avantages fiscaux. Ces deux éléments sont comme la sauce secrète de votre recette de retraite : ils ajoutent de la saveur, de la richesse et un petit quelque chose en plus pour faire vraiment briller votre stratégie d'épargne.

Les cotisations de contrepartie sont l'un des outils les plus puissants de votre boîte à outils de retraite, et elles constituent essentiellement de l'argent gratuit. Nous en avons parlé plus tôt avec le 401(k), mais approfondissons un peu le fonctionnement de la correspondance et pourquoi il est si important de maximiser cet avantage. De nombreux employeurs verseront un pourcentage de vos cotisations à votre régime de retraite, doublant ainsi (ou du moins augmentant considérablement) votre épargne. Si votre employeur propose une contribution à 100 % sur les cotisations jusqu'à 5 % de votre salaire et que vous cotisez à hauteur de 5 %, votre épargne est instantanément doublée. Même si votre employeur n'offre qu'une contrepartie partielle, par exemple de 50 % à 6 %, cela représente toujours de l'argent supplémentaire directement sur votre compte de retraite.

Pourquoi est-ce si magique ? Parce que les abondements accélèrent la croissance de votre épargne retraite sans nécessiter d'effort supplémentaire de votre part. C'est comme obtenir une augmentation qui va directement dans votre avenir, et plus vous cotisez, plus votre employeur peut y contribuer. Ne pas profiter pleinement de cette prestation revient essentiellement à laisser de l'argent sur la table –

un argent qui pourrait s'accumuler et croître au fil des années pour vous offrir une retraite plus sûre.

La magie ne s'arrête pas aux contributions de contrepartie. Les avantages fiscaux associés aux comptes de retraite sont un autre élément crucial qui peut améliorer considérablement votre épargne. Selon que vous cotisez à un IRA traditionnel ou Roth (ou à un 401(k)), vous réduirez votre revenu imposable maintenant ou bénéficierez de retraits exonérés d'impôt plus tard.

Par exemple, avec un 401(k) ou un IRA traditionnel, vos cotisations sont versées avec des dollars avant impôt, ce qui signifie que vous ne payez pas d'impôts sur l'argent que vous cotisez jusqu'à ce que vous le retiriez à la retraite. Cela réduit votre revenu imposable l'année où vous versez la cotisation, ce qui pourrait réduire votre facture fiscale. Cet allègement fiscal immédiat est incroyablement utile, en particulier pour ceux qui se situent dans des tranches d'imposition plus élevées. D'un autre côté, avec un Roth 401(k) ou un IRA, vos cotisations sont versées avec des dollars après impôt, mais la magie opère lorsque vous prenez votre retraite : vos retraits, y compris tous les revenus de placement, sont totalement exonérés d'impôt.

Les deux options offrent de précieux avantages fiscaux, et le choix de la bonne dépend de votre situation financière et de vos attentes futures. Si vous prévoyez être dans une tranche d'imposition inférieure à la retraite, un compte traditionnel pourrait être plus avantageux, vous permettant de reporter les impôts à plus tard. Si vous prévoyez être dans une tranche d'imposition plus élevée à la retraite, un compte Roth pourrait être la meilleure option, car vous bénéficierez de retraits exonérés d'impôt lorsque vous en aurez le plus besoin.

Un autre avantage clé des deux types de comptes est la croissance à impôt différé. Que vous ayez un compte de retraite traditionnel ou Roth, les investissements au sein de ces comptes croissent sans être soumis à l'impôt sur les plus-values chaque année. Cela signifie qu'à mesure que la valeur de vos investissements augmente au fil du temps, vous ne serez pas imposé sur ces gains au fur et à mesure qu'ils se produisent. Au lieu de cela, l'argent reste dans le compte et s'accumule année après année, créant ainsi votre patrimoine plus rapidement que si vous étiez imposé sur vos gains chaque année. Cette croissance à imposition différée est particulièrement puissante sur de longues périodes, permettant à votre argent de travailler plus fort pour vous.

Maintenant, que se passe-t-il lorsque vous profitez pleinement des cotisations de contrepartie et des avantages fiscaux ? Le résultat est une croissance exponentielle de votre épargne-retraite. Prenons l'exemple d'un 401(k) avec une contrepartie d'entreprise et des cotisations avant impôts. Chaque année, non seulement vous versez votre propre argent (qui augmente à l'abri de l'impôt), mais votre employeur ajoute à ce montant sa contrepartie. De plus, l'argent que vous cotisez réduit votre revenu imposable, vous offrant ainsi un allégement fiscal immédiat. Au fil du temps, cette combinaison crée un puissant moteur de croissance composée qui peut dynamiser votre épargne-retraite.

Pour ceux qui ont accès à la fois aux comptes de retraite parrainés par l'employeur et aux IRA, il existe un autre niveau de magie à considérer. En cotisant aux deux types de comptes, vous pouvez profiter des avantages uniques que chacun offre. Maximiser vos cotisations 401(k) pour obtenir la contrepartie complète de l'employeur, puis cotiser à un IRA (traditionnel ou Roth, selon votre situation) vous permet de diversifier vos véhicules d'épargne-retraite et vos avantages fiscaux. Cette approche à plusieurs volets garantit que vous maximisez votre potentiel de retraite et que vous vous positionnez pour un avenir confortable et sûr.

Il est également important de garder à l'esprit les plafonds de cotisation à l'IRS pour les régimes parrainés par l'employeur et les IRA. Pour 2024, le plafond de cotisation pour les régimes 401(k) est de 23 000 $, avec une contribution de rattrapage supplémentaire de 7 500 $ autorisée pour les personnes âgées de 50 ans et plus. Pour les IRA, le plafond de contribution est de 6 500 $, avec une contribution de rattrapage de 1 000 $ pour les 50 ans et plus. Comprendre ces limites et planifier en conséquence vous permet de tirer le meilleur parti de vos comptes de retraite chaque année.

En fin de compte, la magie des cotisations de contrepartie et des avantages fiscaux réside dans leur capacité à vous aider à épargner davantage avec moins d'effort. En cotisant régulièrement et en profitant pleinement de ces avantages, vous créerez un bassin de ressources puissant et croissant qui sera à votre disposition lorsque vous serez prêt à prendre votre retraite. Qu'il s'agisse de l'avantage immédiat d'une baisse d'impôt aujourd'hui ou de l'avantage à long terme d'une croissance à l'abri de l'impôt à la retraite, ces avantages font toute la différence en vous aidant à élaborer un plan de retraite qui vous convient.

Pendant que vous parcourez le processus d'épargne-retraite, n'oubliez pas que chaque contribution, qu'il s'agisse de votre propre argent ou d'une contrepartie de votre employeur, s'additionne au fil du temps. Les avantages fiscaux, qu'ils soient immédiats ou différés, améliorent votre épargne d'une manière qui n'est peut-être pas immédiatement évidente, mais qui aura un impact énorme sur votre avenir financier. En révélant ces trésors cachés et en profitant pleinement des outils à votre disposition, vous serez sur la bonne voie pour bâtir la retraite de vos rêves.

COMMENT ÉVITER LA PLUS GROSSE ERREUR

La planification de la retraite est l'une des démarches financières les plus importantes que vous ayez jamais entreprise. C'est un chemin rempli d'opportunités, mais il est également semé d'embûches potentielles qui peuvent faire dérailler vos plans les mieux conçus. La bonne nouvelle est qu'avec un peu de prévoyance, de connaissances et quelques stratégies clés, vous pouvez éviter les erreurs courantes dans lesquelles tombent beaucoup de personnes. Cette section explique comment éviter ces erreurs avant qu'elles ne deviennent des obstacles sur votre chemin vers la sécurité financière.

Éviter les pièges qui sabotent les économies

L'une des plus grandes erreurs que commettent les gens lorsqu'ils épargnent pour la retraite est de ne pas épargner suffisamment ou d'attendre trop longtemps pour commencer. Il est facile de se laisser emporter par les exigences de la vie quotidienne – rembourser ses dettes, acheter une maison, élever ses enfants – et mettre son épargne-retraite en veilleuse. Mais chaque année qui passe sans contribuer à vos comptes de retraite est une occasion manquée de faire fructifier votre argent. Plus vous commencez tôt, plus les intérêts composés ont le temps d'opérer leur magie.

Mais il ne s'agit pas seulement de commencer tôt, il s'agit aussi de cohérence. Certaines personnes démarrent en force, puis s'éteignent, contribuant sporadiquement à leur compte de retraite. Cela peut être tout aussi dommageable que de ne pas économiser du tout. Pensez-y de cette façon : épargner pour la retraite, c'est comme planter un arbre. Plus vous l'arrosez régulièrement, plus il grandit et devient fort avec le temps. Même si vous ne pouvez vous permettre que de petites cotisations au début, ces investissements réguliers et continus seront payants à long terme.

Un autre écueil majeur est le retrait trop précoce des comptes de retraite. La vie peut lancer des boules de courbe, et il peut être tentant de puiser dans votre 401(k) ou votre IRA pour couvrir des dépenses imprévues. Mais les retraits anticipés s'accompagnent de pénalités et d'impôts qui peuvent éroder votre épargne durement gagnée. De plus, vous manquerez la croissance future que l'argent aurait apportée. Au lieu de cela, il est préférable de constituer un fonds d'urgence en dehors de vos comptes de retraite pour couvrir ces surprises, en laissant votre pécule intact.

Enfin, il est crucial d'éviter de surestimer le montant que vous recevrez de la Sécurité sociale. Beaucoup de gens supposent que les prestations de sécurité sociale couvriront la plupart de leurs dépenses de retraite, mais la réalité est qu'elles ne sont conçues que pour remplacer environ 40 % de votre revenu d'avant la retraite. Trop compter sur ce flux de revenus peut vous priver de moyens pour couvrir vos frais de subsistance au cours de vos années d'or. C'est pourquoi il est si important de compléter la sécurité sociale avec votre propre épargne et vos investissements.

Reconnaître les pièges financiers et apprendre à éviter les pièges

Les pièges financiers peuvent prendre de nombreuses formes, mais ils ont tous un point commun : ils font dérailler votre planification de retraite. Reconnaître ces pièges dès le début et apprendre à les éviter peut vous éviter des erreurs coûteuses plus tard.

L'un des pièges les plus courants consiste à se laisser tenter par des investissements à frais élevés. Qu'il s'agisse d'un fonds commun de placement avec des frais cachés ou d'un conseiller financier facturant des commissions élevées, ces coûts peuvent gruger vos rendements au fil du temps. Cela peut sembler peu à première vue, mais au fil des décennies, même un petit pourcentage peut représenter des milliers de dollars de gains perdus. La clé est de bien comprendre les frais associés à vos investissements et de choisir des options à faible coût, comme les fonds indiciels, lorsque cela est possible.

Un autre piège à surveiller est l'inflation du style de vie. À mesure que vous gagnez davantage tout au long de votre carrière, il est naturel de vouloir améliorer votre style de vie : de plus beaux vêtements, une maison plus grande, plus de vacances. Mais si vous augmentez vos dépenses à chaque fois que vos revenus augmentent, vous aurez moins à épargner pour la retraite. Il est important de trouver un équilibre entre profiter des fruits de votre travail aujourd'hui et vous assurer d'en avoir suffisamment pour demain. Une stratégie consiste à s'engager à épargner un pourcentage de chaque augmentation ou bonus que vous recevez, plutôt que de laisser l'inflation du style de vie s'infiltrer.

L'endettement est un autre piège majeur qui peut nuire à votre épargne-retraite. Qu'il s'agisse d'une dette de carte de crédit, de prêts étudiants ou d'un prêt hypothécaire, le remboursement de vos dettes enlève l'argent que vous pourriez épargner pour la retraite. Même s'il n'est pas toujours possible d'éviter complètement les dettes, il est important d'avoir un plan pour les rembourser aussi rapidement et efficacement que possible. Les dettes à taux d'intérêt élevé, comme les soldes de cartes de crédit, doivent être prioritaires, car les frais d'intérêt peuvent rapidement devenir incontrôlables et faire dérailler vos objectifs financiers.

Enfin, méfiez-vous des escroqueries à l'investissement. À l'approche de la retraite, les personnes deviennent souvent la cible de fraudeurs qui leur promettent des rendements élevés garantis avec peu ou pas de risque. La réalité est que tous les investissements comportent un certain niveau de risque, et si quelque chose semble trop beau pour être vrai, c'est probablement le cas. Tenez-vous-en à des institutions financières réputées, faites vos recherches et méfiez-vous de quiconque vous pousse à prendre des décisions rapides concernant votre argent.

Le côté émotionnel de la planification de la retraite : éviter le stress

Il est facile de considérer la planification de la retraite comme un simple jeu de chiffres : combien vous devez épargner, quels investissements choisir, quand commencer à toucher vos prestations. Mais l'aspect émotionnel de la planification de la retraite est tout aussi important et est souvent négligé.

L'une des plus grandes sources de stress lors de la planification de la retraite est la peur de manquer d'argent. Cette peur peut conduire les gens soit à épargner de manière obsessionnelle, sacrifiant ainsi leur qualité de vie actuelle, soit à ignorer complètement le problème, en espérant qu'il se résoudra d'une manière ou d'une autre. Aucune des deux approches n'est saine. La clé est de créer un plan qui équilibre l'épargne pour l'avenir et la vie dans le présent. Il s'agit de trouver la tranquillité d'esprit en sachant que vous êtes sur la bonne voie, plutôt que de vous demander constamment si vous en faites assez.

Un autre défi émotionnel consiste à faire face à l'incertitude de l'avenir. La planification de la retraite nécessite de faire de nombreuses hypothèses : combien de temps vous vivrez, quel sera votre état de santé, quelle sera l'évolution de l'économie. Cette incertitude peut conduire à l'anxiété et à la paralysie, rendant difficile la prise de décision. La meilleure façon de lutter contre ce phénomène est de se concentrer sur ce que vous pouvez contrôler. Bien que vous ne puissiez pas prédire l'avenir, vous pouvez faire des suppositions éclairées en fonction de votre état de santé, de votre mode de vie et de votre situation financière actuels. Vous pouvez également intégrer de la flexibilité à votre plan, afin d'avoir des options si les choses ne se passent pas exactement comme prévu.

Il y a aussi le défi émotionnel de passer d'un état d'esprit d'épargne à un état d'esprit de dépense. Pendant des décennies, on vous a dit d'épargner, d'épargner, d'épargner, et lorsque vous prendrez enfin votre retraite, il peut être difficile de changer de vitesse et de commencer à puiser dans ces économies. Certaines personnes se sentent coupables ou anxieuses à l'idée de dépenser leur argent de retraite, même si c'est pour cela qu'elles ont toujours économisé. Il est important de vous rappeler que vous avez travaillé dur pour constituer votre pécule et que vous pouvez profiter des fruits de votre travail. Créer un budget de retraite détaillé peut faciliter la transition en vous donnant un plan clair du montant que vous pouvez dépenser chaque mois sans épuiser votre épargne trop rapidement.

Enfin, la retraite peut susciter beaucoup d'émotions autour de l'identité et du but. Pour de nombreuses personnes, leur carrière représente une grande partie de leur identité, et laisser cela derrière eux peut donner l'impression de perdre une partie d'eux-mêmes. Cela peut entraîner des sentiments de perte, d'anxiété ou même de dépression. Il est important de planifier non seulement l'aspect financier de la retraite, mais également l'aspect émotionnel et social. Pensez à la façon dont vous passerez votre temps, aux passe-temps ou aux intérêts que vous souhaitez poursuivre et à la manière dont vous resterez en contact avec vos amis et votre famille. Avoir un but à la retraite peut faire une énorme différence dans votre bonheur et votre bien-être en général.

MAXIMISER VOS REVENUS À LA RETRAITE

Lorsque vous pensez à la retraite, vous pensez peut-être immédiatement à l'épargne, mais il y a bien plus que cela. En fait, maximiser vos revenus à la retraite est tout aussi crucial que l'épargne que vous avez accumulée au fil du temps. Cela signifie tirer le meilleur parti de ce qui est déjà à votre disposition, comme la sécurité sociale, tout en faisant preuve de créativité avec des stratégies alternatives de revenu passif. L'objectif ultime est de créer de multiples sources de revenus offrant stabilité, flexibilité et tranquillité d'esprit en sachant que vos années d'or seront exemptes de soucis financiers.

La sécurité sociale démystifiée

La sécurité sociale est souvent la pierre angulaire de la planification de la retraite, mais il existe beaucoup de confusion quant à son fonctionnement et à la manière de la maximiser.

La réalité est que la sécurité sociale n'a jamais été censée être votre seule source de revenus à la retraite : elle a été conçue pour remplacer seulement une partie de votre revenu d'avant la retraite. Cependant, avec une planification minutieuse, vous pouvez vous assurer de tirer tous les avantages possibles du système.

Commençons par les bases. Les prestations de sécurité sociale sont basées sur vos 35 années les plus rémunératrices. Si vous n'avez pas 35 ans de revenus, des zéros sont pris en compte dans le calcul, ce qui peut réduire votre prestation. C'est pourquoi il est essentiel de veiller à ce que vous travailliez et gagniez le plus régulièrement possible au cours des années précédant la retraite. Chaque année supplémentaire de travail que vous consacrez peut potentiellement remplacer une année à faible revenu ou une année nulle, augmentant ainsi votre prestation.

Ensuite, l'âge auquel vous commencez à bénéficier de la sécurité sociale a un impact important sur le montant que vous recevrez. Vous pouvez commencer à percevoir des prestations dès l'âge de 62 ans, mais si vous le faites, vous recevrez un montant réduit, jusqu'à 30 % de moins que ce que vous obtiendriez à l'âge de votre retraite à taux plein (qui se situe entre 66 et 67 ans, selon quand tu es né). En revanche, si vous retardez votre demande de prestations au-delà de l'âge de la retraite à taux plein, votre prestation mensuelle augmentera de 8 % pour chaque année d'attente, jusqu'à 70 ans. Ainsi, si vous êtes en bonne santé et pouvez vous permettre de retarder, attendre peut augmenter considérablement votre prestation à vie.

Mais la sécurité sociale ne concerne pas seulement vos propres prestations. Si vous êtes marié, divorcé ou veuf, vous pourriez avoir droit à des prestations de conjoint ou de survivant, qui peuvent augmenter considérablement votre revenu de retraite. Par exemple, si votre conjoint gagne plus que vous, vous pouvez prétendre jusqu'à 50 % de ses prestations de sécurité sociale, même si vous n'avez jamais travaillé. Si vous êtes divorcé et marié depuis au moins 10 ans, vous pouvez toujours demander des prestations de conjoint basées sur les revenus de votre ex-conjoint, à condition que vous ne vous soyez pas remarié. Et si votre conjoint décède, vous pourriez avoir droit à des prestations de survivant, qui pourraient correspondre à 100 % de ce qu'il recevait.

La sécurité sociale est compliquée, mais cette complexité présente également des opportunités de maximiser vos prestations si vous savez comment vous y retrouver dans le système. Consulter un conseiller financier spécialisé en sécurité sociale peut vous aider à prendre les meilleures décisions possibles pour votre situation.

Revenu passif et stratégies alternatives : penser au-delà de l'évidence

Si la sécurité sociale constitue une base fiable, elle suffit rarement à couvrir toutes vos dépenses de retraite. C'est là que les revenus passifs et les stratégies alternatives entrent en jeu. Lorsque la plupart des gens pensent au revenu passif, ils imaginent des choses comme les immeubles locatifs ou les dividendes d'actions, mais il existe en réalité une grande variété de façons de générer un revenu à la retraite qui ne nécessitent pas de travail à temps plein.

Les revenus de location sont un choix populaire pour de nombreux retraités, car ils peuvent fournir un flux de trésorerie constant avec relativement peu d'efforts, surtout si vous engagez un gestionnaire immobilier pour gérer les opérations quotidiennes. Si vous êtes déjà propriétaire d'une maison, la réduction ou la location d'une partie de votre propriété, comme un appartement au sous-sol, peut également être un moyen de générer des revenus supplémentaires sans avoir à assumer la responsabilité de gérer une propriété supplémentaire.

Les actions versant des dividendes sont une autre source courante de revenus passifs. L'avantage des revenus de dividendes est qu'ils sont généralement imposés à un taux inférieur à celui des revenus ordinaires et qu'ils vous permettent de bénéficier de la croissance à long terme du marché boursier. Cependant, il est important de diversifier vos investissements et de ne pas trop compter sur une action ou un secteur en particulier. Recherchez des sociétés ayant un long historique de versements de dividendes stables et croissants et envisagez d'investir dans des fonds communs de placement axés sur les dividendes ou des fonds négociés en bourse (FNB) pour répartir davantage votre risque.

Pour ceux qui sont prêts à sortir des sentiers battus, il existe un certain nombre de stratégies alternatives de revenu passif qui peuvent compléter votre revenu de retraite. Les plateformes de prêt peer-to-peer, par exemple, vous permettent de gagner des intérêts en prêtant de l'argent directement à des particuliers ou à des petites entreprises. Bien que ces plateformes comportent plus de risques que les comptes bancaires traditionnels, elles peuvent offrir des rendements plus élevés. De même, investir dans le financement participatif immobilier peut vous donner une exposition au marché immobilier sans avoir à gérer vous-même vos propriétés.

Ensuite, il y a l'économie des petits boulots, qui n'est pas exactement passive mais peut être un moyen flexible de générer des revenus selon vos propres conditions. Des plateformes comme Airbnb, Turo (pour louer votre voiture) et divers marchés indépendants peuvent vous permettre de tirer parti des actifs que vous possédez déjà ou des compétences que vous avez acquises au fil des ans pour gagner de l'argent supplémentaire sans vous engager dans un travail traditionnel. Vous pouvez également envisager de créer des produits numériques tels que des livres électroniques, des cours en ligne ou des produits imprimés à la demande, qui peuvent générer des ventes avec un minimum d'effort continu une fois créés.

Quelles que soient les stratégies de revenu passif que vous choisissez, il est important d'avoir un plan pour déterminer comment ce revenu s'intégrera dans votre budget de retraite global. Assurez-vous de prendre en compte toutes les taxes, frais ou coûts d'entretien associés à vos flux de revenus passifs et soyez réaliste quant aux efforts qu'ils nécessiteront. Les revenus passifs ne sont pas toujours véritablement passifs – ils impliquent généralement un travail initial – mais les récompenses peuvent en valoir la peine.

Construire des plans de sauvegarde - Des filets de sécurité qui fonctionnent

Même les plans de retraite les mieux conçus peuvent mal tourner. Qu'il s'agisse d'un problème de santé inattendu, d'un ralentissement du marché boursier ou d'une augmentation soudaine des frais de subsistance, la vie a tendance à nous lancer des bouleversements. C'est pourquoi il est si important de mettre en place des plans de secours pour protéger votre sécurité financière.

L'un des filets de sécurité les plus efficaces est un fonds d'urgence solide. Même à la retraite, il est important de disposer de suffisamment d'argent de côté pour couvrir au moins trois à six mois de frais de subsistance. Ce fonds doit être conservé dans un compte liquide et facilement accessible, comme un compte d'épargne à haut rendement, plutôt que immobilisé dans des investissements dont la valeur pourrait fluctuer. Avoir un fonds d'urgence peut vous aider à éviter de puiser dans votre épargne-retraite – ou pire, de vous endetter – lorsque des imprévus se produisent.

Un autre filet de sécurité clé est l'assurance dépendance. À mesure que vous vieillissez, la probabilité d'avoir besoin d'une forme de soins de longue durée, qu'il s'agisse de soins à domicile, d'une résidence-services ou d'une maison de retraite, augmente. Malheureusement, Medicare ne couvre pas la plupart des services de soins de longue durée et les coûts peuvent être faramineux. L'assurance dépendance peut vous aider à couvrir ces dépenses, vous permettant ainsi de préserver votre épargne et d'éviter de devenir un fardeau financier pour votre famille. Plus vous souscrivez tôt une assurance dépendance, plus vos primes seront basses. Il vaut donc la peine d'envisager cette option bien avant d'en avoir besoin.

Si vous êtes propriétaire d'une maison, la valeur nette de votre propriété peut également servir de plan de secours. Un prêt hypothécaire inversé, par exemple, vous permet d'exploiter la valeur nette de votre maison sans avoir à la vendre. Bien que les prêts hypothécaires inversés présentent des inconvénients, tels que des frais et des intérêts qui peuvent s'accumuler avec le temps, ils peuvent constituer une option viable pour les retraités qui possèdent une maison mais manquent de liquidités. Une autre option consiste à déménager dans une maison plus petite et plus abordable, ce qui peut libérer de l'argent et réduire vos frais de subsistance.

Les rentes sont un autre outil qui peut fournir un flux constant de revenus à la retraite. Contrairement aux investissements traditionnels, qui fluctuent en fonction du marché, les rentes offrent des paiements garantis pour une période déterminée, voire à vie. Cela peut vous apporter une tranquillité d'esprit, sachant que vous disposerez d'un revenu constant, peu importe ce qui arrive à vos autres investissements. Cependant, les rentes peuvent être complexes et s'accompagnent souvent de frais élevés. Il est donc important de bien comprendre les conditions avant de s'engager.

Enfin, ne négligez pas l'importance d'avoir un plan successoral solide. Même si cela n'a pas d'impact direct sur votre revenu de retraite, un plan successoral garantit que vos actifs sont répartis selon vos souhaits et que vos proches sont pris en charge. Cela comprend un testament, une fiducie entre vifs (si nécessaire) et des procurations pour les soins de santé et les finances. Avoir ces documents en place peut épargner à votre famille un stress inutile et des batailles juridiques, et cela peut vous donner la tranquillité d'esprit en sachant que vos affaires sont en ordre.

En intégrant ces plans de secours dans votre stratégie de retraite, vous serez mieux préparé à relever tous les défis qui se présenteront à vous. Qu'il s'agisse d'une dépense imprévue, d'un ralentissement du marché ou d'un problème de santé, la mise en place de filets de sécurité vous permet de profiter de votre retraite en toute confiance, sachant que vous avez couvert toutes vos bases.

LE FACTEUR TEMPS

Quand faut-il prendre sa retraite ?

En matière de retraite, le timing peut être primordial. Décider quand prendre sa retraite est l'une des décisions financières les plus personnelles et les plus importantes que vous ayez jamais prises. Ce n'est pas seulement une question d'argent, même si les finances constituent une part importante de l'équation. Il s'agit également de style de vie, de santé, d'objectifs personnels et même d'événements inattendus de la vie qui peuvent vous forcer la main. Que vous rêviez de prendre une retraite anticipée, de travailler un peu plus longtemps pour gagner un plus gros pécule ou que vous essayiez simplement de déterminer le meilleur moment pour raccrocher votre chapeau, il est crucial de comprendre le facteur temps de la retraite. Voyons comment le moment de votre retraite peut façonner le reste de votre vie.

Retraite anticipée ou retraite différée : avantages, inconvénients et surprises

Prendre une retraite anticipée ressemble à un rêve. Qui ne voudrait pas passer plus de temps à voyager, à se détendre ou à passer en famille ? Mais comme la plupart des choses, la retraite anticipée s'accompagne de compromis, et il n'y a pas que du soleil et des plages. D'un autre côté, retarder la retraite n'est peut-être pas aussi glamour, mais cela peut offrir de sérieux avantages financiers qui s'avèrent payants à long terme. Comprendre les avantages, les inconvénients et certaines surprises en cours de route peut vous aider à décider de prendre une retraite anticipée ou de rester sur le marché du travail un peu plus longtemps.

L'un des plus grands avantages d'une retraite anticipée est la liberté de profiter de la vie selon vos conditions le plus tôt possible. Qu'il s'agisse d'explorer de nouveaux passe-temps, de faire du bénévolat ou de parcourir le monde, prendre une retraite anticipée vous offre du temps. Mais cette liberté a un coût : votre épargne-retraite devra s'étaler sur une période plus longue. Prendre une retraite anticipée signifie moins d'années pour épargner et plus d'années pour retirer de votre épargne. Si vous arrêtez de travailler dans la cinquantaine, par exemple, vous pourriez envisager 30, voire 40 ans de retraite, ce qui signifie que vous avez besoin d'un pécule important pour éviter de survivre à votre argent.

Il y a aussi la question des soins de santé. Aux États-Unis, Medicare n'entre en vigueur qu'à l'âge de 65 ans, donc si vous prenez votre retraite avant cette date, vous devrez trouver un autre moyen de couvrir les frais de santé. L'assurance privée peut coûter cher, et si vous avez des problèmes de santé, ces coûts peuvent rapidement augmenter. Certains retraités comblent le fossé grâce à l'assurance maladie des retraités parrainée par l'employeur, mais tous les employeurs n'offrent pas cet avantage.

D'un autre côté, retarder la retraite vous permet de constituer un fonds de retraite plus important et de profiter des prestations accrues qui accompagnent l'attente. Par exemple, vos prestations de sécurité sociale augmentent d'environ 8 % pour chaque année où vous retardez leur demande au-delà de l'âge de la retraite à taux plein (jusqu'à 70 ans). Cela peut faire une énorme différence dans votre revenu mensuel plus tard dans la vie. De plus, travailler plus longtemps donne à vos investissements plus de temps pour croître et accumuler des intérêts, ce qui signifie que vous disposerez d'un coussin plus important lorsque vous prendrez votre retraite.

Mais il y a des surprises des deux côtés de l'équation. Certains préretraités constatent que la structure et les interactions sociales du travail leur manquent, ou qu'ils s'ennuient de tout leur temps libre. D'autres font face à des revers financiers comme un ralentissement du marché ou des dépenses imprévues qui les obligent à retourner au travail. D'un autre côté, ceux qui retardent leur retraite découvrent souvent qu'ils ont plus d'énergie et de motivation que prévu et qu'ils apprécient leur travail jusqu'à 60, voire 70 ans.

En fin de compte, la décision entre une retraite anticipée et une retraite différée dépend de vos objectifs personnels, de votre situation financière et de votre état de santé. Il n'y a pas de réponse universelle, mais peser le pour et le contre peut vous aider à prendre une décision éclairée.

Le facteur âge : comment le timing affecte votre épargne

L'âge auquel vous prenez votre retraite a un effet profond sur le montant que vous devez épargner et sur la durée de votre épargne. Il ne s'agit pas seulement de choisir une date sur le calendrier, il s'agit également de comprendre l'impact des différents âges de retraite sur votre avenir financier.

Commençons par les bases. Plus vous prendrez votre retraite tôt, plus vous devrez avoir épargné, tout simplement parce que votre épargne doit durer plus longtemps. Si vous prenez votre retraite à 62 ans, par exemple, vous pourriez avoir besoin de subvenir à vos besoins pendant 25 à 30 ans, selon votre espérance de vie. Cela signifie que votre épargne-retraite doit être suffisamment importante pour couvrir non seulement les dépenses quotidiennes, mais également les soins de santé, les coûts imprévus et l'inflation.

L'un des avantages financiers les plus importants de travailler plus longtemps est la possibilité d'augmenter votre épargne-retraite. Les dernières années de votre vie professionnelle sont souvent celles où vous gagnez le plus, ce qui signifie que vous pouvez verser des cotisations plus importantes à votre 401(k) ou à votre IRA. En effet, dès 50 ans, vous pouvez bénéficier de cotisations de rattrapage, qui vous permettent de mettre plus d'argent sur vos comptes de retraite que les jeunes travailleurs. Cela peut faire une grande différence dans vos économies globales.

De plus, plus vous travaillez longtemps, plus vous pouvez profiter du pouvoir des intérêts composés. Ceci est particulièrement important si vous avez investi en bourse ou dans d'autres investissements axés sur la croissance. Chaque année supplémentaire où votre argent reste investi signifie plus de croissance, et avec le temps, cette croissance s'aggrave, vous donnant un pécule plus important lorsque vous prendrez enfin votre retraite.

Ensuite, il y a la Sécurité Sociale. Comme mentionné précédemment, l'âge auquel vous commencez à demander des prestations de sécurité sociale peut avoir un impact significatif sur le montant que vous recevez. Si vous demandez des prestations dès l'âge de 62 ans, votre chèque mensuel sera réduit jusqu'à 30 % par rapport à ce que vous obtiendriez si vous attendiez l'âge de la retraite à taux plein (entre 66 et 67 ans). Si vous attendez encore plus longtemps, jusqu'à 70 ans, vous bénéficierez d'une augmentation de 8 % pour chaque année de retard. Cela peut représenter une prestation mensuelle beaucoup plus importante au cours de votre retraite.

Mais il ne faut pas seulement considérer les chiffres. Votre santé et votre mode de vie jouent un rôle important dans la détermination du moment où prendre votre retraite. Si vous êtes en bonne santé et aimez votre travail, travailler plus longtemps peut être une décision financière judicieuse. Mais si vous avez des problèmes de santé ou si vous n'aimez tout simplement plus votre travail, prendre une retraite plus tôt pourrait valoir la peine d'échanger avec un coussin d'épargne plus petit.

En fin de compte, le facteur âge est une question d'équilibre. Prendre une retraite trop tôt sans suffisamment d'épargne peut vous poser des difficultés plus tard dans la vie, mais travailler trop longtemps peut vous priver de la possibilité de profiter de votre retraite pendant que vous êtes encore en bonne santé et actif. La clé est de trouver le juste milieu qui vous convient, en fonction de vos objectifs financiers, de votre santé et de vos priorités personnelles.

Que faire quand la vie lance une courbe

Peu importe le soin avec lequel vous planifiez, la vie a tendance à vous réserver des défis inattendus. Qu'il s'agisse d'une crise sanitaire, d'une urgence familiale ou d'un ralentissement économique, les aléas de la vie peuvent faire dérailler même les plans de retraite les mieux conçus. La clé est de rester flexible et de mettre en place un plan de secours afin de ne pas être pris au dépourvu.

L'une des difficultés les plus courantes auxquelles les gens sont confrontés à l'approche de la retraite est la perte soudaine de leur emploi. Que ce soit en raison de licenciements, d'une restructuration d'entreprise ou de problèmes de santé qui vous obligent à quitter le marché du travail plus tôt que prévu, perdre votre emploi à l'approche de la retraite peut être un coup dur financier. Si cela vous arrive, la première étape consiste à prendre une profonde inspiration et à réévaluer votre situation financière. Examinez vos économies, vos dépenses et vos sources potentielles de revenus, comme les allocations de chômage ou le travail à temps partiel, et élaborez un plan pour vous aider à traverser la transition.

Si vous êtes encore à plusieurs années de l'âge prévu de votre retraite, vous devrez peut-être resserrer votre budget et vous concentrer sur la constitution de votre fonds d'urgence. Vous pouvez également envisager de rechercher un travail à temps partiel ou indépendant pour générer un revenu supplémentaire pendant que vous recherchez un emploi à temps plein. Et si vous êtes proche de la retraite, il est peut-être temps de commencer à vous demander si vous pouvez prendre votre retraite un peu plus tôt que prévu ou si vous devez puiser dans votre épargne pour combler l'écart.

Un autre problème courant est un problème de santé inattendu. Les frais de santé peuvent constituer l'une des dépenses les plus importantes à la retraite, surtout si vous prenez votre retraite avant 65 ans et n'êtes pas encore admissible à Medicare. Si vous êtes confronté à une crise de santé, il est important d'avoir un plan sur la façon dont vous couvrirez les frais médicaux. Cela peut impliquer de puiser dans votre compte d'épargne santé (HSA) si vous en avez un, ou d'examiner des options telles que COBRA ou une assurance maladie privée pour combler l'écart jusqu'à ce que Medicare entre en vigueur.

Pour de nombreux retraités, le marché boursier lui-même peut être une bouleversement. Un ralentissement important des marchés juste avant ou pendant la retraite peut réduire considérablement la valeur de vos investissements, vous laissant ainsi moins d'argent pour vivre. Si cela se produit, il est important de rester calme et d'éviter de prendre des décisions irréfléchies. Vendre des investissements en période de ralentissement économique peut bloquer vos pertes. Il est donc souvent préférable de surmonter la tempête si vous le pouvez. C'est là qu'avoir un portefeuille diversifié peut vraiment s'avérer payant. Si vous répartissez vos investissements entre différentes classes d'actifs, telles que les actions, les obligations et l'immobilier, vous serez mieux placé pour faire face à la volatilité des marchés.

Enfin, les urgences familiales peuvent également mettre un frein à vos projets de retraite. Qu'il s'agisse d'aider un enfant adulte en difficulté financière ou de prendre soin d'un parent vieillissant, les responsabilités familiales peuvent parfois vous obliger à puiser dans vos économies plus tôt que prévu. S'il est naturel de vouloir aider ses proches, il est important de trouver un équilibre entre leurs besoins et votre propre sécurité financière. Si possible, essayez de fixer des limites ou d'explorer d'autres options, telles que les programmes gouvernementaux d'aide aux parents âgés, avant d'épuiser vos fonds de retraite.

Lorsque la vie nous lance des défis, le plus important est de rester flexible et adaptable. Disposer d'un fonds d'urgence, maintenir vos compétences à jour et rester ouvert au travail à temps partiel ou indépendant peuvent tous vous aider à faire face aux imprévus et à rester sur la bonne voie pour atteindre vos objectifs de retraite.

S'ADAPTER À L'INCONNU

Lorsque nous planifions notre retraite, nous nous concentrons souvent sur ce que nous pouvons prévoir : nos économies, nos prestations de sécurité sociale et peut-être même la façon dont nous voulons passer notre temps. Mais la vie est imprévisible, et les inconnues peuvent constituer le plus grand défi lorsqu'il s'agit de votre sécurité financière à la retraite. Qu'il s'agisse de la hausse des coûts des soins de santé, de l'inflation ou d'événements inattendus dans la vie, il est essentiel d'apprendre à s'adapter à ces variables pour élaborer un plan de retraite capable de résister à l'épreuve du temps. La bonne nouvelle ? Vous pouvez vous préparer à ces inconnues en toute confiance, en vous assurant que votre retraite reste financièrement stable et agréable.

Se préparer aux coûts des soins de santé : la réalité, pas les tactiques alarmistes

L'une des craintes les plus courantes concernant la retraite concerne la gestion des coûts des soins de santé. Ce n'est un secret pour personne que les dépenses de santé ont tendance à augmenter avec l'âge, mais il y a beaucoup de confusion et, franchement, des craintes quant au montant qu'il faut réellement économiser pour les factures médicales. Il est essentiel de se préparer aux coûts des soins de santé à la retraite, mais il est important de distinguer la réalité des tactiques alarmistes.

Tout d'abord, regardons les faits. Oui, les soins de santé peuvent coûter cher. Une étude de Fidelity Investments estime que le couple moyen de 65 ans qui prendra sa retraite en 2023 aura besoin d'environ 315 000 $ pour couvrir ses frais médicaux tout au long de sa retraite. Ce chiffre peut sembler intimidant, mais il est important de se rappeler que ce chiffre comprend tout, des primes Medicare aux dépenses personnelles telles que la quote-part, les médicaments sur ordonnance et les soins de longue durée. Il s'étale également sur 20 à 30 ans, ce qui n'est pas nécessaire d'un seul coup.

L'assurance-maladie, qui entre en vigueur à 65 ans, couvrira une grande partie de vos frais médicaux, mais elle n'est pas gratuite et ne couvre pas tout. Vous devrez toujours prévoir un budget pour les primes, les franchises et les tickets modérateurs, ainsi que pour les services tels que les soins dentaires, visuels et auditifs, qui ne sont pas couverts par Medicare. Si vous prenez votre retraite avant 65 ans, vous devrez également tenir compte d'une assurance maladie pour couvrir l'écart jusqu'à ce que vous soyez éligible à Medicare, ce qui peut représenter une dépense importante.

Une façon de se préparer aux frais de santé consiste à ouvrir un compte d'épargne santé (HSA) si vous êtes éligible. Un HSA est un compte fiscalement avantageux qui vous permet d'économiser de l'argent spécifiquement pour les frais médicaux. La meilleure partie ? Les cotisations HSA sont déductibles d'impôt, l'argent fructifie à l'abri de l'impôt et les retraits pour frais médicaux admissibles sont également exonérés d'impôt. Même si vous n'utilisez pas tout l'argent de votre HSA, il peut être utilisé pour des dépenses non médicales après 65 ans, même si vous paierez l'impôt sur le revenu régulier sur ces retraits.

Une autre façon de gérer les coûts des soins de santé à la retraite consiste à envisager une assurance complémentaire, souvent appelée Medigap. Ces polices peuvent aider à couvrir certains des coûts que Medicare ne prend pas en charge, comme les franchises et les tickets modérateurs. Bien que les forfaits Medigap comportent des primes mensuelles, ils peuvent vous offrir une tranquillité d'esprit en réduisant vos dépenses personnelles.

La clé pour se préparer aux coûts des soins de santé est de les planifier, mais de ne pas les laisser vous submerger. En comprenant vos options Medicare, en envisageant une assurance complémentaire et en économisant dans un HSA si possible, vous pouvez gérer ces dépenses sans laisser la peur dicter vos projets de retraite.

Protéger votre retraite contre l'inflation

L'inflation est l'une de ces forces sournoises qui peuvent éroder discrètement votre pouvoir d'achat au fil du temps. Même un taux d'inflation relativement faible, de 2 à 3 %, peut avoir un impact significatif sur votre épargne-retraite sur 20 ou 30 ans. C'est pourquoi il est essentiel de protéger votre retraite contre l'inflation afin de garantir que votre argent ira aussi loin que vous en avez besoin.

La première étape pour se protéger contre l'inflation consiste à comprendre son fonctionnement. L'inflation fait référence à la hausse générale des prix au fil du temps. Cela signifie que la même somme d'argent permettra d'acheter moins à l'avenir qu'aujourd'hui. Par exemple, si l'inflation est en moyenne de 3 % par an, quelque chose qui coûte 1 000 $ aujourd'hui coûtera plus de 1 800 $ dans 20 ans. Si vous vivez avec un revenu fixe à la retraite, cela peut poser un réel problème.

L'un des meilleurs moyens de se prémunir contre l'inflation est de s'assurer que vos investissements sont positionnés pour la croissance. Même si les investissements conservateurs comme les obligations peuvent apporter de la stabilité, ils ne suivent généralement pas le rythme de l'inflation. Les actions, en revanche, ont historiquement surperformé l'inflation sur le long terme. Bien que les actions comportent plus de risques, disposer d'un portefeuille diversifié comprenant une certaine exposition aux actions peut aider votre épargne-retraite à croître et à suivre le rythme de la hausse des prix.

Les titres du Trésor protégés contre l'inflation (TIPS) sont un autre outil pour protéger votre retraite contre l'inflation. Les TIPS sont des obligations d'État spécialement conçues pour protéger contre l'inflation. La valeur principale des TIPS augmente avec l'inflation, telle que mesurée par l'indice des prix à la consommation

(IPC). Cela signifie que lorsque l'inflation augmente, la valeur de votre investissement TIPS augmente également. Même si les rendements des TIPS ne sont peut-être pas aussi élevés que ceux des actions, ils offrent une couverture garantie contre l'inflation.

La sécurité sociale joue également un rôle dans la protection de votre retraite contre l'inflation. Les prestations de sécurité sociale sont ajustées chaque année en fonction de l'inflation au moyen d'un ajustement au coût de la vie (COLA). Même si le COLA ne correspond pas toujours pleinement à la véritable hausse du coût de la vie, il offre aux retraités une certaine protection contre l'inflation. Plus vous tardez à demander la sécurité sociale, plus votre prestation mensuelle sera élevée et le COLA s'appliquera à cette prestation plus élevée pour le reste de votre vie.

En plus de vos investissements et de votre sécurité sociale, vos choix de style de vie peuvent également contribuer à vous protéger contre l'inflation. Si vous envisagez de réduire la taille de votre maison ou de déménager dans une zone moins coûteuse à la retraite, vous pourrez peut-être compenser certains des effets de l'inflation en réduisant vos frais de subsistance. De même, maintenir un budget flexible qui permet des ajustements à mesure que les prix augmentent peut vous aider à anticiper l'inflation sans sacrifier votre qualité de vie.

L'inflation est une réalité de la vie, mais elle ne doit pas nécessairement faire dérailler vos projets de retraite. En investissant pour la croissance, en envisageant des placements protégés contre l'inflation et en faisant des choix de vie intelligents, vous pouvez vous assurer que votre épargne suit la hausse des coûts.

Gérer les événements inattendus de la vie en toute confiance

Peu importe le soin avec lequel vous planifiez, la vie a tendance à vous réserver des défis inattendus. Qu'il s'agisse d'une crise sanitaire, d'une urgence familiale ou d'un ralentissement économique, gérer ces difficultés avec confiance est essentiel pour maintenir votre sécurité financière à la retraite.

La première étape pour se préparer à l'imprévu consiste à constituer un fonds d'urgence solide. Idéalement, vous devriez disposer de suffisamment d'argent de côté pour couvrir au moins six mois de frais de subsistance. Cela vous donnera un coussin financier sur lequel vous appuyer en cas d'imprévu, comme une urgence médicale ou une réparation majeure à la maison. Un fonds d'urgence peut vous aider à éviter de puiser dans votre épargne-retraite ou de vendre des placements en période de ralentissement des marchés, ce qui pourrait nuire à votre sécurité financière à long terme.

En plus d'un fonds d'urgence, disposer d'une assurance adéquate est crucial pour gérer les difficultés de la vie. L'assurance soins de longue durée, par exemple, peut aider à couvrir les frais d'une maison de retraite ou de soins à domicile si vous en avez besoin. Ce type de soins peut être incroyablement coûteux et, sans assurance, il peut rapidement épuiser votre épargne-retraite.

L'assurance soins de longue durée peut vous apporter une tranquillité d'esprit en sachant que vous êtes couvert si jamais vous avez besoin d'aide dans vos activités quotidiennes.

Une autre forme d'assurance à considérer est l'assurance vie, en particulier si vous avez des personnes à charge ou un conjoint qui seraient financièrement touchés par votre décès. Bien que l'assurance vie soit généralement plus importante plus tôt dans la vie lorsque vous avez de jeunes enfants ou un prêt hypothécaire, elle peut néanmoins jouer un rôle dans la planification de la retraite, surtout si vous souhaitez laisser un héritage financier ou vous assurer que l'on prend soin de votre conjoint.

La planification successorale est un autre aspect important de la préparation à l'inconnu. Avoir un testament, une directive en matière de soins de santé et une procuration peut garantir que vos volontés seront exaucées si quelque chose vous arrive. Cela peut également faciliter la vie de vos proches, en réduisant le fardeau financier et émotionnel pendant une période déjà difficile.

Enfin, rester flexible et adaptable est essentiel pour gérer les surprises de la vie. La retraite est un long voyage et les choses changeront inévitablement en cours de route. Qu'il s'agisse d'un ralentissement des marchés qui affecte vos placements ou d'une urgence familiale qui requiert votre attention, être prêt à ajuster vos plans et à apporter les changements nécessaires vous aidera à affronter l'inconnu en toute confiance.

Gérer des événements inattendus de la vie ne signifie pas que vous devez avoir toutes les réponses à l'avance. Il s'agit de bâtir une base financière solide, de disposer des assurances et des documents juridiques appropriés et de rester suffisamment flexible pour s'adapter à tout ce qui se présente à vous. Une fois ces étapes mises en place, vous pouvez aborder la retraite en toute confiance, sachant que vous êtes prêt à affronter l'inconnu.

FAITES DURER VOTRE ARGENT

La stratégie de sortie

La retraite ne consiste pas seulement à atteindre un certain âge et à s'éloigner du travail ; il s'agit également de garantir que l'argent pour lequel vous avez travaillé si dur puisse durer tout au long de votre vie. L'élaboration d'une stratégie de sortie pour vos finances est essentielle si vous souhaitez conserver un style de vie confortable sans craindre de manquer d'argent. C'est comme planifier un long voyage en voiture : vous savez où vous voulez aller, mais vous devez vous assurer d'avoir suffisamment de carburant dans le réservoir pour y arriver. Dans ce cas, ce carburant est votre épargne-retraite, et pour la faire durer, il faut un mélange de planification minutieuse, de dépenses réfléchies et de choix d'investissement intelligents.

Comment dépenser judicieusement sans sacrifier le confort

Lorsque vous prenez votre retraite, la gestion de vos dépenses devient l'un des aspects les plus importants pour garantir la pérennité de votre argent. Même si la tentation peut être de faire des folies (après tout, vous l'avez bien mérité), dépenser trop au cours des premières années de la retraite peut rapidement épuiser votre épargne. Cependant, dépenser judicieusement ne signifie pas vivre une vie de privation ou renoncer aux choses qui vous apportent de la joie. Il s'agit de trouver un équilibre entre profiter de votre retraite et vous assurer de ne pas survivre à vos économies.

L'une des meilleures façons d'aborder les dépenses à la retraite est de créer un budget qui reflète vos priorités. Commencez par séparer vos dépenses essentielles, telles que le logement, les soins de santé, la nourriture et les services publics, de vos dépenses discrétionnaires, comme les voyages, les restaurants et les loisirs. Cela vous donnera une idée claire de la part de vos revenus consacrée aux nécessités et de la part disponible pour les choses amusantes. À partir de là, vous pouvez effectuer des ajustements pour vous assurer que vos dépenses correspondent à vos objectifs financiers.

Pour de nombreux retraités, le logement constitue l'une des dépenses les plus importantes. Réduire ses effectifs dans une maison plus petite, déménager dans une zone moins chère ou même explorer des options comme les résidences pour personnes âgées peuvent réduire vos coûts mensuels et libérer de l'argent pour d'autres activités. Il convient également de réfléchir à la part de vos dépenses discrétionnaires que vous souhaitez consacrer aux voyages ou à d'autres expériences au cours des premières années de votre retraite, lorsque vous êtes susceptible d'avoir le plus d'énergie et de mobilité. En planifiant à l'avance, vous éviterez de dépenser trop et trop tôt, ce qui vous permettra de conserver un style de vie confortable tout au long de vos années de retraite.

Une astuce pour gérer ses dépenses sans se sentir limité est la règle des 50/30/20. Ce cadre simple divise vos revenus en trois catégories : 50 % pour les besoins, 30 % pour les désirs et 20 % pour l'épargne ou le remboursement de dettes. Bien qu'elle soit souvent utilisée par les plus jeunes, cette règle peut également s'appliquer à la retraite pour contrôler vos dépenses tout en vous laissant une place pour en profiter. N'oubliez pas qu'il ne s'agit pas de vous priver des plaisirs de la vie, mais plutôt de faire des choix intentionnels qui garantissent votre sécurité financière pour les années à venir.

Enfin, restez conscient de l'inflation du style de vie. Il est facile de se laisser emporter par l'état d'esprit « Je mérite ça », surtout après avoir travaillé dur pendant tant d'années, mais garder un œil sur la façon dont les petits luxes s'additionnent peut faire une grande différence. Des friandises occasionnelles sont une bonne chose, mais une indulgence de routine peut réduire à néant vos économies. Être attentif à vos habitudes de dépenses peut vous aider à garder vos finances sur la bonne voie sans sacrifier le confort que vous méritez.

Stratégies de retrait : optimiser votre épargne de la bonne manière

Une fois à la retraite, il est tout aussi crucial de déterminer comment retirer de votre épargne que de décider combien vous souhaitez épargner en premier lieu. L'objectif est de maximiser votre pécule le plus longtemps possible, ce qui nécessite une stratégie de retrait qui équilibre la génération de revenus et la préservation de votre capital.

L'une des approches les plus connues est la règle des 4 %. Cette règle suggère que vous pouvez retirer en toute sécurité 4 % de votre épargne au cours de la première année de votre retraite, puis ajuster ce montant chaque année en fonction de l'inflation. Par exemple, si vous prenez votre retraite avec 1 million de dollars économisés, vous retirerez 40 000 $ la première année. L'idée est qu'en retirant cette somme, vous éviterez d'épuiser votre épargne trop rapidement tout en vous procurant suffisamment de revenus pour vivre.

Même si la règle des 4 % peut être utile, elle n'est pas infaillible. Il suppose un taux de rendement constant sur vos investissements et ne tient pas compte de la volatilité des marchés ou des habitudes de dépenses personnelles. Si vous rencontrez des ralentissements importants du marché au cours des premières années de votre retraite ou si vous avez des dépenses importantes et imprévues, retirer 4 % pourrait ne pas être viable. Dans ces cas-là, il peut être judicieux d'être plus flexible avec votre taux de retrait, en l'ajustant en fonction de la performance de votre portefeuille et de vos besoins actuels.

Une autre stratégie populaire est l'approche par tranches, qui divise votre épargne en différentes « tranches » en fonction du moment où vous aurez besoin d'argent. Par exemple, vous pourriez avoir une tranche à court terme pour les cinq premières années de votre retraite, remplie d'investissements plus conservateurs comme des obligations ou des liquidités, et une tranche à long terme pour les années 10 et au-delà, investie de manière plus agressive dans les actions. L'idée est de puiser d'abord dans la tranche à court terme, ce qui donne à vos investissements à long terme le temps de croître. Au fur et à mesure que vous avancez dans la retraite, vous remplissez périodiquement la tranche à court terme à partir de la tranche à long terme. Cette méthode permet de se protéger contre les fluctuations du marché et garantit que vous disposez toujours d'argent disponible lorsque vous en avez besoin.

De plus, il est important de prendre en compte l'ordre dans lequel vous effectuez vos retraits sur différents comptes. La sagesse traditionnelle dit de commencer par retirer des comptes imposables, suivis des comptes à impôt différé comme les IRA traditionnels ou 401(k), et enfin des comptes libres d'impôt comme les Roth IRA. Cette stratégie peut vous aider à minimiser votre obligation fiscale à la retraite et permettre à vos comptes fiscalement avantageux de continuer à croître à l'abri de l'impôt le plus longtemps possible.

Gardez à l'esprit que les retraits obligatoires, appelés distributions minimales requises (RMD), entrent en vigueur à 73 ans (à partir de 2023) pour la plupart des comptes de retraite, y compris les IRA traditionnels et les 401(k). Ces retraits sont requis par la loi et sont basés sur votre espérance de vie et le solde de votre compte. Ne pas prendre vos RMD peut entraîner de lourdes pénalités, alors assurez-vous de planifier ces retraits dans le cadre de votre stratégie globale.

En fin de compte, la clé pour maximiser votre épargne est la flexibilité. Personne ne peut prédire l'avenir avec certitude. Par conséquent, avoir un plan qui permet des ajustements en cours de route vous donnera les meilleures chances de faire durer votre argent pendant toute la durée de votre retraite.

Protéger votre pécule : étapes simples pour la longévité

S'il est important d'élaborer une stratégie de retrait, il est tout aussi essentiel de protéger votre pécule contre les menaces potentielles. Des ralentissements du marché aux dépenses imprévues, plusieurs facteurs pourraient éroder votre épargne si vous n'êtes pas préparé. La bonne nouvelle est qu'il existe des mesures simples que vous pouvez prendre pour protéger votre avenir financier et garantir que votre argent dure aussi longtemps que vous en avez besoin.

L'une des meilleures façons de protéger votre pécule est de maintenir un portefeuille de placements diversifié. La diversification implique de répartir vos investissements sur différentes classes d'actifs, telles que les actions, les obligations et l'immobilier, afin qu'aucun investissement ne domine votre portefeuille. Cela contribue à réduire votre risque global, car la mauvaise performance d'une classe d'actifs peut être compensée par des gains dans une autre. Même si la diversification ne garantit pas contre les pertes, elle peut offrir un certain niveau de protection contre la volatilité des marchés, contribuant ainsi à préserver votre épargne à long terme.

Une autre étape essentielle pour protéger votre pécule consiste à disposer d'un fonds d'urgence. Même à la retraite, des dépenses imprévues surgiront, qu'il s'agisse d'une réparation majeure à la maison, d'une urgence médicale ou d'un membre de la famille ayant besoin d'aide financière. Sans fonds d'urgence, vous pourriez être obligé de retirer votre épargne-retraite à un moment inopportun, ce qui peut avoir un impact durable sur votre portefeuille. Idéalement, votre fonds d'urgence devrait couvrir au moins six mois de frais de subsistance et être détenu sur un compte liquide et facilement accessible.

En plus d'un fonds d'urgence, avoir une bonne assurance peut également contribuer à protéger votre épargne. L'assurance soins de longue durée, par exemple, peut couvrir le coût d'une résidence-services ou de soins à domicile, qui peuvent être financièrement dévastateurs s'ils ne sont pas planifiés. Bien que l'assurance soins de longue durée puisse être coûteuse, il vaut souvent la peine d'avoir l'esprit tranquille en sachant que vous n'aurez pas à puiser dans vos économies pour payer les soins si le besoin s'en fait sentir.

Il est également important de considérer l'impact de l'inflation sur votre épargne-retraite. Même une inflation modeste peut éroder votre pouvoir d'achat au fil du temps, surtout si vous vivez avec un revenu fixe. Pour vous protéger contre cela, assurez-vous qu'une partie de votre portefeuille est investie dans des actifs susceptibles de dépasser l'inflation, tels que des actions ou des obligations protégées contre l'inflation (comme les titres du Trésor protégés contre l'inflation, ou TIPS). En gardant vos investissements alignés sur l'inflation, vous contribuerez à garantir que votre épargne conserve sa valeur au fil du temps.

Un autre moyen simple mais efficace de protéger votre pécule consiste à éviter les frais et taxes inutiles. Cela signifie être conscient des frais associés à vos investissements, tels que les ratios de frais des fonds communs de placement ou les commissions de négociation, et choisir des options à faible coût lorsque cela est possible. Cela signifie également profiter de comptes fiscalement avantageux comme les Roth IRA, qui permettent à votre épargne de croître en franchise d'impôt et peuvent constituer une source précieuse de revenu non imposable à la retraite.

Enfin, ne sous-estimez pas l'importance de revoir régulièrement votre plan. Tout comme vos besoins et vos objectifs évoluent avec le temps, votre stratégie de retraite devrait également évoluer. Des événements de la vie comme un changement de santé, l'arrivée d'un nouveau petit-enfant ou même un héritage peuvent tous avoir une incidence sur votre plan financier. En réexaminant votre plan au moins une fois par an et en y apportant les ajustements nécessaires, vous pouvez rester sur la bonne voie pour protéger votre pécule et vous assurer que votre argent durera tout au long de votre retraite.

Protéger votre épargne ne signifie pas procéder à des changements drastiques ou prendre des risques inutiles. Il s'agit de prendre des décisions intelligentes et réfléchies qui protègent votre avenir financier. En diversifiant vos placements, en maintenant un fonds d'urgence et en restant vigilant quant aux frais et aux taxes, vous pourrez profiter de la retraite dont vous avez toujours rêvé, sans vous soucier de survivre à votre argent.

VIVRE VOTRE MEILLEURE VIE APRÈS LA RETRAITE

La retraite est souvent considérée comme le dernier chapitre du livre de la vie, mais en réalité, ce n'est que le début d'une nouvelle aventure. Cette étape de la vie offre l'opportunité de poursuivre vos passions, de vous réinventer et enfin de vous concentrer sur les choses qui vous apportent le plus de joie. Cependant, aussi passionnant que puisse être ce nouveau chapitre, l'une des plus grandes préoccupations est toujours l'argent. Comment vivre la vie de vos rêves sans le stress financier qui vous pèse ? Et une fois que vous avez atteint la sécurité financière, comment pouvez-vous vous épanouir mentalement, émotionnellement et socialement ? Voyons comment vous pouvez créer un style de vie que vous aimerez et vivre pleinement votre meilleure vie après la retraite.

Comment créer un style de vie que vous adorerez sans vous soucier de l'argent

L'un des aspects les plus libérateurs de la retraite est d'avoir la liberté de créer son propre style de vie. Fini les réveils qui dictent votre journée, fini le stress au bureau et plus besoin de jongler entre travail et vie privée. Mais cette liberté retrouvée peut s'accompagner d'une peur très réelle : manquer d'argent. La bonne nouvelle est qu'avec une planification minutieuse et des habitudes financières intelligentes, vous pouvez bâtir une vie à la fois épanouissante et financièrement viable.

Tout d'abord, il est essentiel de redéfinir ce que « bien vivre » signifie pour vous. De nombreuses personnes assimilent un style de vie de qualité à une dépense importante, qu'il s'agisse de vacances coûteuses, de maisons luxueuses ou de divertissements somptueux. Mais après la retraite, il est temps de repenser ce qui vous rend vraiment heureux. Demandez-vous : « De quoi ai-je vraiment besoin pour me sentir épanoui ? » Vous constaterez peut-être qu'il ne s'agit pas du tout de richesse matérielle. Pour de nombreux retraités, ce sont les joies simples – passer du temps avec leurs proches, poursuivre des passe-temps, faire du bénévolat ou voyager plus lentement et plus profondément – qui créent une vie riche et enrichissante.

Un élément clé pour bien gérer votre argent à la retraite est de comprendre vos flux de trésorerie. C'est là qu'il devient essentiel d'avoir un budget réaliste et bien pensé. Commencez par calculer vos dépenses fixes, telles que le logement, les soins de santé, les services publics et l'épicerie. Une fois que vous savez combien vous avez besoin pour couvrir les bases, vous pouvez ensuite allouer des fonds à des dépenses discrétionnaires, comme les loisirs, les restaurants ou les voyages. Assurez-vous que vos dépenses correspondent à vos valeurs fondamentales et à ce que vous appréciez le plus. N'oubliez pas qu'il ne s'agit pas de supprimer tout le plaisir ; il s'agit de donner la priorité à ce qui vous apporte vraiment du bonheur et d'éviter les dépenses inutiles ou inutiles.

Une autre façon de réduire le stress financier consiste à réduire les effectifs si nécessaire. Peut-être que votre maison est plus grande que ce dont vous avez besoin maintenant que les enfants sont grands et partis. La réduction des effectifs peut libérer des capitaux propres, réduire les coûts de maintenance et réduire les factures de services publics. De nombreux retraités trouvent que déménager dans une maison plus petite et plus facile à gérer est non seulement bénéfique sur le plan financier, mais aussi libérateur sur le plan émotionnel.

Envisagez également de créer plusieurs flux de revenus pendant la retraite. Bien que la sécurité sociale et votre épargne-retraite puissent constituer l'essentiel de vos revenus, le fait d'avoir un revenu secondaire provenant d'un travail à temps partiel, d'immeubles locatifs ou même d'un passe-temps devenu entreprise peut fournir un niveau supplémentaire de sécurité financière. Cela réduit non seulement le stress lié au fait de dépendre d'un revenu fixe, mais peut également vous permettre de rester engagé et productif pendant vos années de retraite.

Enfin, ne sous-estimez pas le pouvoir des dépenses conscientes. Plutôt que de vous concentrer sur l'acquisition de plus de choses, changez votre état d'esprit pour valoriser les expériences et les relations significatives. La recherche montre que dépenser de l'argent pour des expériences, comme voyager ou acquérir de nouvelles compétences, tend à apporter un bonheur plus durable que dépenser pour des biens matériels. Lorsque vous dépensez de l'argent, faites-le avec intention : cela vous aidera à tirer le meilleur parti de votre argent sans avoir l'impression de sacrifier votre avenir financier.

S'épanouir à la retraite : au-delà de la simple sécurité financière

Bien que la sécurité financière soit un aspect essentiel de la retraite, prospérer au cours de ces années va bien au-delà du simple fait d'avoir suffisamment d'argent en banque. Il s'agit de rester actif mentalement et physiquement, d'établir des relations solides et de nourrir un but. Après tout, à quoi sert d'avoir un compte de retraite bien garni si vous n'êtes pas assez épanoui émotionnellement ou en bonne santé physique pour en profiter ?

L'une des meilleures façons de s'épanouir à la retraite est de rester physiquement actif. L'exercice améliore non seulement votre santé physique, mais améliore également votre bien-être mental. Une activité physique régulière peut réduire le risque de maladies chroniques, améliorer la mobilité et même améliorer votre humeur en libérant des endorphines, les substances chimiques naturelles du bien-être de votre corps. Que vous aimiez marcher, nager, faire du yoga ou participer à un cours de conditionnement physique local, rester actif vous aidera à maintenir votre vitalité et votre énergie jusqu'à votre retraite.

Les liens sociaux sont tout aussi importants. La solitude et l'isolement sont de réels risques à la retraite, surtout si vous n'êtes plus en contact régulier avec vos collègues ou si votre cercle social s'est rétréci au fil des années. C'est pourquoi il est essentiel de faire un effort pour nouer et entretenir des relations. Que ce soit avec la famille, de vieux amis ou de nouvelles connaissances, disposer d'un système de soutien solide peut avoir un impact significatif sur votre bien-être émotionnel. Pensez à rejoindre des clubs, à assister à des événements communautaires ou à faire du bénévolat : tout ce qui vous permet de rester connecté et engagé avec les autres. De nombreux retraités s'épanouissent également dans le mentorat, transmettant leurs connaissances et leur expérience aux jeunes générations.

En plus de rester actif et socialement connecté, l'un des éléments les plus importants pour réussir à la retraite est de trouver un but à atteindre. Pendant des années, votre identité a peut-être été étroitement liée à votre carrière, mais maintenant que vous êtes à la retraite, il est temps de redéfinir ce qui donne un sens à votre vie. Pour certains, cela peut signifier poursuivre des passe-temps ou acquérir de nouvelles compétences. Peut-être avez-vous toujours voulu peindre, jouer d'un instrument ou écrire un livre. D'autres trouvent un but en redonnant à leur communauté par le biais du bénévolat ou d'œuvres caritatives. Quoi qu'il en soit, avoir quelque chose pour vous réveiller chaque jour vous procurera un sentiment d'épanouissement et d'orientation.

De plus, la retraite est le moment idéal pour donner la priorité à la croissance personnelle. Cela peut impliquer de voyager dans de nouveaux endroits, d'élargir vos connaissances ou même de prendre le temps de réfléchir à la vie que vous avez bâtie et à l'héritage que vous souhaitez laisser derrière vous. Pensez à développer une pratique de pleine conscience ou de méditation pour vous aider à rester présent et à apprécier la richesse de cette phase de la vie.

En fin de compte, pour prospérer à la retraite, il faut trouver un équilibre entre les aspects pratiques de la sécurité financière et la recherche du bien-être mental, physique et émotionnel. Il s'agit d'accepter la liberté de vivre selon vos propres conditions tout en conservant un sens du but et de la joie dans votre vie quotidienne.

La retraite n'est pas la fin, c'est la prochaine aventure

Pour de nombreuses personnes, la retraite représente la fin d'une longue carrière et la clôture d'un chapitre de la vie. Mais en réalité, la retraite est le début d'une toute nouvelle aventure, remplie d'opportunités d'exploration, de découverte et de croissance. La clé est d'aborder cette étape avec un esprit ouvert et un sentiment de curiosité.

Considérez la retraite comme une page vierge. Sans les exigences d'un emploi à temps plein, vous avez enfin le temps d'explorer le monde d'une manière que vous n'auriez jamais pu auparavant. Peut-être avez-vous toujours rêvé de parcourir le monde : c'est maintenant votre chance de le faire. Qu'il s'agisse de visiter de nouveaux pays, d'explorer différentes cultures ou simplement de faire un road trip pour découvrir certaines parties de votre propre pays, voyager peut être l'une des expériences les plus enrichissantes de la retraite. Et vous n'avez pas besoin de vous ruiner pour le faire. Voyager lentement, séjourner dans un hébergement économique ou profiter de réductions pour les seniors peuvent vous aider à découvrir le monde sans mettre à rude épreuve vos finances.

Pour ceux qui préfèrent un rythme de vie plus calme, la retraite peut être le moment de se lancer dans de nouveaux passe-temps ou d'approfondir ses compétences dans des domaines que vous aimez déjà. Du jardinage au travail du bois en passant par l'apprentissage d'une nouvelle langue, la retraite offre des possibilités infinies de croissance personnelle. De nombreux retraités trouvent également une grande satisfaction à continuer de contribuer à la société dans une certaine mesure, que ce soit par le biais du bénévolat, du mentorat ou même du travail à temps partiel dans un nouveau domaine.

Il est important de noter que l'état d'esprit que vous adopterez à l'égard de la retraite façonnera votre expérience de celle-ci. Considérer cette phase de la vie comme une aventure ouvre des possibilités que vous n'auriez peut-être pas envisagées auparavant. Peut-être avez-vous toujours été curieux de connaître un sujet particulier : vous pouvez désormais suivre un cours dans votre université locale ou en ligne. Peut-être avez-vous toujours voulu essayer quelque chose qui sort complètement de votre zone de confort, comme le parachutisme ou la peinture. La beauté de la retraite est que vous avez la liberté d'explorer ces intérêts sans les pressions d'un travail traditionnel de 9h à 17h.

De plus, n'hésitez pas à vous mettre au défi pendant la retraite. Même s'il est tentant de ralentir et d'y aller doucement, continuer à vous fixer des objectifs, qu'ils soient physiques, intellectuels ou émotionnels, vous permettra de rester vif et engagé dans la vie. La retraite peut être le moment de se réinventer, qu'il s'agisse de changer de carrière ou de poursuivre enfin ce projet passionné que vous avez toujours reporté.

Et n'oubliez pas que ce n'est pas parce que vous êtes à la retraite que vous devez cesser de contribuer à la société. De nombreux retraités s'épanouissent en restant actifs dans leur communauté, que ce soit par le biais du bénévolat, de l'activisme ou du mentorat. Avec l'âge, on acquiert une richesse de connaissances et d'expériences, et partager cette sagesse avec les autres peut être incroyablement gratifiant.

En fin de compte, la retraite n'est pas la fin du chemin, c'est un nouveau départ, une chance de se lancer dans la prochaine grande aventure de votre vie. C'est le moment de donner la priorité à ce qui compte vraiment, d'investir dans les relations, de poursuivre vos passions et de découvrir les joies que procure le fait de vivre selon vos propres conditions. Que vous choisissiez de parcourir le monde, de vous lancer dans de nouveaux passe-temps ou de continuer à faire une différence dans votre communauté, l'aventure de la retraite est à vous de façonner. Embrassez-le pleinement et faites de ces années le chapitre le plus excitant et le plus épanouissant de votre vie à ce jour.

VOTRE PLAN D'ACTION PERSONNALISÉ

À vos marques, prêts, prenez votre retraite

La retraite peut sembler un rêve lointain pour beaucoup, mais en réalité, c'est quelque chose qui nous surprend plus vite que prévu. Avec tant de choses à planifier – sécurité financière, choix de style de vie, soins de santé – il n'est pas étonnant que les gens se sentent souvent dépassés lorsqu'ils tentent de planifier leur avenir. Mais voilà : il n'est pas nécessaire que ce soit écrasant. La clé d'une transition en douceur et en toute confiance vers la retraite est de la diviser en étapes simples et gérables, en créant un plan d'action qui correspond à votre vie et à vos objectifs uniques. Avec la bonne liste de contrôle, vous pouvez vous assurer que vous êtes sur la bonne voie, financièrement et émotionnellement, pour profiter pleinement de la prochaine phase de votre vie. Commençons par élaborer votre plan d'action personnalisé pour la retraite.

Une liste de contrôle étape par étape pour commencer immédiatement

La première étape vers une retraite réussie consiste à s'assurer que toutes les cases critiques sont cochées. La liste de contrôle suivante vous guidera à travers tous les aspects essentiels de la planification de la retraite, afin que vous puissiez commencer immédiatement :

☐ **Fixez vos objectifs de retraite**
Définissez ce que la retraite signifie pour vous. Voulez-vous voyager, commencer un passe-temps ou réduire vos effectifs ? Déterminez ce que vous espérez réaliser au cours de vos années d'or et utilisez ces objectifs pour façonner le reste de votre planification.

☐ **Calculez vos besoins de retraite**
Déterminez le revenu dont vous aurez besoin chaque année à la retraite. Tenez compte de tous

vos frais de subsistance, y compris le logement, les soins de santé, la nourriture, le transport et les activités de loisirs. N'oubliez pas de tenir compte de l'inflation et des coûts imprévus.

☐ **Évaluez votre situation financière actuelle**

Faites le point sur tous vos actifs : votre épargne, vos comptes de retraite, vos investissements et autres ressources financières. Comparez cela à vos besoins de retraite pour identifier les lacunes.

☐ **Maximisez vos comptes de retraite**

Assurez-vous de cotiser suffisamment à vos comptes de retraite (401(k), IRA ou autres régimes de retraite). Profitez des programmes de contrepartie des employeurs et versez des cotisations de rattrapage si vous avez plus de 50 ans.

☐ **Éliminer la dette**

Si possible, prenez votre retraite avec peu ou pas de dettes. Remboursez les dettes à intérêt élevé comme les cartes de crédit et envisagez de rembourser votre prêt hypothécaire pour réduire les dépenses mensuelles.

☐ **Créer un budget de retraite**

Un budget détaillé vous donnera une idée claire du montant que vous dépenserez par rapport au revenu dont vous disposerez à la retraite. Planifiez les dépenses fixes et discrétionnaires, en vous assurant de disposer de suffisamment de flexibilité pour faire face aux coûts imprévus.

☐ **Planifier les dépenses de santé**

Recherchez vos options de soins de santé. Medicare ne couvre pas tout, vous voudrez donc explorer une assurance complémentaire ou une assurance soins de longue durée pour combler les éventuelles lacunes.

☐ **Construire un fonds d'urgence**

Même à la retraite, la vie peut nous réserver des rebondissements. Mettez de côté au moins six mois de frais de subsistance sur un compte d'épargne liquide pour couvrir les urgences sans puiser dans vos investissements de retraite.

☐ **Déterminez votre stratégie de sécurité sociale**
Décidez du meilleur moment pour commencer à réclamer la sécurité sociale. N'oubliez pas qu'attendre jusqu'à l'âge de la retraite à taux plein ou plus tard maximisera vos prestations.

☐ **Diversifiez vos sources de revenus**
En plus de la sécurité sociale et de l'épargne-retraite, recherchez d'autres moyens de générer des revenus, comme la location, le travail à temps partiel ou des flux de revenus passifs.

☐ **Préparer les documents juridiques**
Assurez-vous que vos documents juridiques sont à jour. Cela inclut votre testament, votre procuration, votre procuration en matière de soins de santé et toute fiducie. Ces documents garantissent que vos volontés seront exaucées au cas où vous ne seriez pas en mesure de prendre des décisions par vous-même.

☐ **Révisez votre plan successoral**

Travaillez avec un planificateur successoral pour vous assurer que vos actifs sont répartis selon vos souhaits. Cela contribuera à minimiser les impôts et à prévenir les conflits familiaux à l'avenir.

☐ **Fixer une date de retraite**

Une fois les étapes précédentes complétées, il est temps de choisir votre date de retraite. Cela peut être flexible, mais avoir un objectif vous aidera à rester concentré sur votre plan.

☐ **Créer un plan après-retraite**

Que ferez-vous de votre temps ? La retraite, ce n'est pas seulement arrêter de travailler : c'est avoir une vie épanouie. Pensez à vos passions et à la façon dont vous structurerez vos journées.

Cette liste de contrôle fournit une base solide pour votre plan d'action pour la retraite. Mais ne vous inquiétez pas si vous devez le modifier ou l'ajuster en cours de route ; la clé est d'avoir un point de départ et d'avancer en toute confiance.

S'en tenir au plan (et que faire lorsque vous devez vous ajuster)

Créer un plan est une chose ; s'y tenir est une toute autre histoire. La vie, comme nous le savons tous, ne se déroule pas toujours comme prévu. La retraite peut arriver plus tôt que prévu en raison de changements d'emploi, de problèmes de santé ou d'autres circonstances imprévues. Ou peut-être que votre épargne n'augmente pas aussi rapidement que vous l'espériez et que vous devez ajuster votre stratégie. C'est bon ! Ce qui compte, c'est d'avoir la flexibilité d'adapter votre plan tout en restant concentré sur vos objectifs à long terme.

Tout d'abord, reconnaissez que les ajustements sont normaux. La clé d'un plan de retraite réussi réside dans sa capacité à être fluide. Considérez-le comme un document vivant et respirant qui évolue à mesure que vous évoluez. Le plan initial que vous créez dans la quarantaine ou la cinquantaine peut ne pas être le même que celui que vous suivrez une fois que vous aurez 65 ans ou plus, et c'est tout à fait normal. La vie arrive, tout comme les ajustements.

Lorsque vous devez modifier le plan, la première étape consiste à réévaluer votre situation. Vos objectifs ont-ils changé ? Peut-être que votre envie de voyager a diminué et que vous souhaitez désormais rester proche de votre famille. Ou peut-être que le coût des soins de santé a augmenté plus que prévu et que vous devez allouer plus de fonds à ce domaine. Quel que soit le changement, prenez le temps de vous asseoir et de réévaluer vos objectifs financiers et vos désirs en matière de style de vie.

Une fois que vous avez identifié les ajustements nécessaires, revoyez votre budget. La budgétisation pendant la retraite est cruciale, car votre revenu sera probablement plus fixe qu'il ne l'était pendant vos années de travail. Examinez régulièrement vos dépenses et vos revenus pour vous assurer que vous ne dépensez pas trop ou que vous n'épuisez pas votre épargne trop rapidement. Si vous trouvez que vos dépenses actuelles ne sont pas viables, ne paniquez pas. Commencez par réduire les dépenses discrétionnaires, comme les repas au restaurant ou les achats de luxe, avant de modifier radicalement votre style de vie.

Un autre domaine qui pourrait nécessiter un ajustement est votre stratégie d'investissement. Lorsque vous êtes plus jeune, vous avez plus de temps pour affronter les hauts et les bas du marché boursier, mais à l'approche de la retraite, votre stratégie d'investissement devrait devenir plus conservatrice. Cela ne signifie pas que vous devez éviter complètement les risques, mais il est essentiel de trouver un équilibre entre croissance et protection. Si vous ne savez pas où vous adapter, envisagez de parler à un conseiller financier qui pourra vous guider en fonction de votre situation particulière.

Enfin, n'oubliez pas le côté émotionnel lié à l'ajustement de votre projet de retraite. Le changement peut être difficile, surtout lorsqu'il concerne votre sécurité financière. Si vous vous sentez stressé ou anxieux à l'idée de devoir faire des ajustements, prenez du recul et concentrez-vous sur la situation dans son ensemble. N'oubliez pas que même si vous devez procéder à des réductions ou à des retards, vous travaillez toujours à une retraite sûre et épanouissante. Gardez vos objectifs à long terme à l'esprit et restez suffisamment flexible pour vous adapter si nécessaire.

Renforcer la confiance dans votre avenir financier

La confiance dans la planification de la retraite ne vient pas du fait d'avoir un plan parfait ou un compte bancaire surdimensionné, mais de savoir que vous avez fait le travail nécessaire pour bâtir une base financière solide. Il s'agit d'avoir confiance que, même lorsque la vie vous lance des défis, vous disposez des connaissances, des ressources et de la flexibilité nécessaires pour relever les défis et garder le cap.

L'un des moyens les plus efficaces de renforcer cette confiance consiste à acquérir des compétences financières. Plus vous en saurez sur les finances personnelles, les investissements et la planification de la retraite, mieux vous serez équipé pour prendre des décisions éclairées. Ne vous inquiétez pas, vous n'êtes pas obligé de devenir un expert du jour au lendemain. Commencez par les bases : comprenez le fonctionnement des intérêts composés, découvrez les différents types de comptes de retraite et familiarisez-vous avec les stratégies fiscales. En augmentant progressivement vos connaissances financières, vous vous sentirez plus maître de votre avenir.

Un autre élément crucial pour instaurer la confiance est la cohérence. La planification de la retraite n'est pas un événement ponctuel ; c'est un processus continu. Examinez régulièrement votre situation financière, vérifiez vos investissements et mettez à jour votre budget si nécessaire. Cela vous aidera à détecter les problèmes potentiels dès le début, vous donnant ainsi la possibilité de corriger votre trajectoire avant que les choses ne deviennent incontrôlables. Tout aussi important, voir vos progrès au fil du temps, qu'il s'agisse d'épargne croissante ou de remboursement de dettes, vous donnera un sentiment d'accomplissement et de confiance dans votre capacité à atteindre vos objectifs.

Il est également important de disposer d'un système de soutien solide. Il peut s'agir d'un conseiller financier qui peut fournir des conseils d'experts, mais il peut également s'agir d'amis ou de membres de la famille qui ont réussi leur propre parcours de retraite. Entourez-vous de personnes qui peuvent vous offrir soutien, conseils et encouragements lorsque vous en avez besoin.

La confiance dans votre avenir financier passe également par la présence d'un filet de sécurité. Constituer un fonds d'urgence, comme mentionné précédemment, est un excellent moyen de vous protéger des événements inattendus de la vie sans puiser dans votre épargne-retraite. Savoir que vous disposez d'un coussin pour ces moments « juste au cas où » vous aidera à mieux dormir la nuit.

Et enfin, gardez à l'esprit la situation dans son ensemble. Il est facile de s'enliser dans les détails de la planification financière, mais rappelez-vous pourquoi vous faites cela. La retraite, ce n'est pas seulement une question de chiffres sur une feuille de calcul : il s'agit de créer la liberté de vivre votre meilleure vie, de poursuivre vos passions et de passer du temps avec les personnes que vous aimez. Lorsque vous vous concentrez sur l'objectif ultime – une retraite sûre et épanouissante – vous constaterez que les petites décisions financières que vous prenez en cours de route deviennent plus faciles et que votre confiance grandit naturellement.

En fin de compte, votre plan d'action personnalisé ne consiste pas seulement à atteindre des objectifs financiers. Il s'agit de bâtir une fondation qui vous permet de vivre la vie dont vous rêvez, avec la tranquillité d'esprit que procure le fait de savoir que vous êtes prêt financièrement. En procédant étape par étape, en respectant le plan et en vous adaptant au besoin, vous serez sur la bonne voie vers une retraite réussie qui reflète réellement vos espoirs et vos aspirations. N'oubliez pas que la retraite n'est pas seulement une destination ; c'est un voyage qui se déroule au fil du temps, et avec un plan d'action solide en place, vous pouvez parcourir ce voyage avec confiance et joie.

Alors que vous vous lancez dans ce nouveau chapitre passionnant de la vie, saisissez l'opportunité de découvrir de nouvelles passions et d'approfondir les relations existantes. La retraite peut ouvrir des portes que vous n'aviez même pas envisagées, et votre avenir financier étant assuré, vous pouvez vous concentrer sur ce qui compte vraiment pour vous. Qu'il s'agisse de faire du bénévolat dans votre communauté, de retrouver un passe-temps perdu depuis longtemps ou de passer plus de temps en famille, les possibilités sont infinies.

N'oubliez pas de célébrer vos jalons en cours de route, aussi petits qu'ils puissent paraître. Chaque pas que vous faites vers vos objectifs de retraite est une victoire qui mérite d'être reconnue. Qu'il s'agisse enfin d'atteindre cet objectif d'économies, d'obtenir un emploi à temps partiel qui vous passionne ou simplement de profiter d'une journée tranquille sans obligations professionnelles, prenez un moment pour reconnaître vos progrès. Ces célébrations vous aident à garder le moral et à renforcer l'état d'esprit positif essentiel pour profiter de votre retraite.

De plus, alors que vous vous préparez à adopter ce nouveau style de vie, pensez au pouvoir de l'adaptabilité. La vie est pleine de surprises et la capacité de s'adapter lorsque cela est nécessaire est cruciale pour une retraite épanouie. Soyez ouvert aux nouvelles expériences et disposé à en tirer des leçons. Que vous soyez attiré par une nouvelle passion, que vous changiez vos habitudes de dépenses ou que vous exploriez différents lieux de retraite, accepter le changement peut conduire à des joies et des opportunités inattendues.

Il est également important de rester connecté avec votre communauté. Établir des liens sociaux et interagir avec d'autres personnes partageant les mêmes intérêts peuvent enrichir votre expérience de retraite et améliorer votre bien-être émotionnel. Rejoignez des clubs, suivez des cours ou participez à des événements locaux qui correspondent à vos passions. Non seulement vous vous ferez de nouveaux amis, mais vous créerez également un réseau de soutien qui peut s'avérer inestimable pendant votre retraite.

Enfin, n'oubliez pas que votre retraite vous appartient uniquement. Résistez à l'envie de vous comparer aux autres ou de vous sentir obligé de vous conformer aux attentes de la société quant à ce à quoi devrait ressembler la retraite. Le parcours de chacun est différent et votre retraite doit refléter vos valeurs, vos intérêts et vos rêves. Faites confiance à votre plan d'action personnalisé et au travail acharné que vous avez consacré à la préparation de ce moment.

À mesure que vous avancez, gardez votre esprit ouvert et votre cœur engagé. La retraite est une aventure qui attend de se dérouler, et une fois votre plan en place, vous êtes prêt à en tirer le meilleur parti. La vie après le travail peut être plus riche et plus épanouissante que vous ne l'auriez jamais imaginé, remplie d'excitation, d'exploration et de liberté retrouvée. Alors préparez-vous, adoptez votre nouveau style de vie et rappelez-vous que le meilleur est encore à venir. Bonne retraite !

www.ingramcontent.com/pod-product-compliance
Lightning Source LLC
Chambersburg PA
CBHW031927240526
45464CB00023B/1871